Karl Gamper

Die Inneren Helfer

für die Magie der Leichtigkeit

KOHA KOMPAKT

Karl Gamper

Die Inneren
Helfer

Mit den Kräften des Kosmos
zu einem erfüllten Leben

INHALTSVERZEICHNIS

Die Reise beginnt   9

Über die Seele   15
Verschiedene Wege der Erkenntnis   18
Die Verbindung mit der Seele   22
So wirkt die Seele im Alltag   26
Die vergessene Sprache   32

Im Strudel der Zeit   45
Was ist Zeit?   47

Im Feld der Möglichkeiten   59
Stimmen im Gewebe der Zeit   66

Das Kalpa Taru   71
Die Chakras   73
Der Atem des Kalpa Taru   76

Die Inneren Helfer   79
Tafel der Inneren Helfer   80
Die Inneren Helfer tiefer verstehen   84
Im Garten der Beispiele   88

Ritual zur Aktivierung der Inneren Helfer   93

Die Magie der Dankbarkeit   99

Quellennachweis   108
Die App zur Aktivierung der Inneren Helfer   109

Die Reise beginnt

Wir haben nichts ausgelassen. Wir haben Höhenflüge sondergleichen erlebt. Freuden, Ekstasen, die höchsten Wonnen des Körpers bis hin zu kaum glaublichen Exzessen. Und wir sind in Tiefen und Grausamkeiten abgetaucht, haben Schmerzen gefühlt und bitterstes Leid. Auch hier haben wir den Krug bis zur Neige getrunken. Wir haben Treue geschworen und Eide gebrochen. Wir haben geliebt und gehasst. Und es gab auch Zeiten, in denen wir uns ausgeruht haben. In diesen stillen Tagen ist der Fluss unserer Stunden gemächlich geflossen, die Herausforderungen waren zu bewältigen und wir wurden vertraut mit Gewinn und Verlust, mit Tod und Geburt.

Es geht nicht darum, ob du an Wiedergeburt glaubst oder nicht. Sondern darum, ob du die Ewigkeit der Seele und des Lebens bejahst. Ich vermute, dass ein klares »Ja« dazu in dir schwingt.

Bevor wir uns den Inneren Helfern nähern, ist es gut, einen Blick auf das Ziel zu werfen. Doch das Wort Ziel trifft nur ungenau das, was ich meine. Es geht nicht um ein starres Ziel, welches wir erreichen und dann einen Haken dahinter machen. Das Ziel, welches ich meine, ist ein offenes Werden. Ich nenne es das »Werden-Werden«, das einer Richtung folgt. Es folgt hin zu einem besseren Werden. Dieses »Besser Werden« ist der Strom der Evolution. Dorthin bewegt sich alles Leben in der Natur. Aus der einen Zelle wurde ein Organismus. Aus dem Samen ein Baum. Alles bewegt sich hin zu mehr Komplexität und damit zu größeren Möglichkeiten.

Die Bewegungen der Evolution

Einerseits bewegt sich die Evolution in langen Schleifen, einer Spirale folgend. Anderseits macht sie Sprünge und wie aus dem Nichts entsteht etwas Neues. Das war schon immer so. Der Adler ist keine logische, lineare Entfaltung des Löwen. Der Mensch keine logische Folgerung des Adlers. Aus dem Nichts, aus einer Art Quantenleere, tauchen plötzlich vereinzelte Exemplare von etwas Neuem auf, räkeln sich in das Leben hinein und verbinden und vermehren sich. Nach einiger Zeit scheint es, als wäre das immer schon so gewesen und das ursprüngliche Wunder verblasst im Vergessen. Umgekehrt ist es so, dass täglich Hunderte von Arten aus dem Pflanzen- und Tierreich für immer verschwinden. Doch das Neue, das hinter der nächsten Kurve der Evolution sichtbar wird, ist eine Evolution in der Familie der Menschheit.

Was verändert sich?

Die Erfahrung, wer wir sind, verändert sich. Wir beginnen uns kollektiv wieder daran zu erinnern, dass wir geistige Wesen sind. Für dieses geistige Wesen in uns haben wir in allen Sprachen und Kulturen verschiedene Namen. Wir verwenden hier das Wort Seele.

Die Seele verfügt über enorme Kräfte. Über Kräfte, die selbst unsere kühnsten Vorstellungen sprengen. Doch durch das Einbeziehen unsichtbarer Verbündeter — Innere Helfer — kann es zu einer explosionsartigen Erweiterung unserer Möglichkeiten kommen und dies kann einen Sprung in der Evolution ermöglichen.

Damit wird das Ziel dieses Buches klarer. Die Absicht ist, dich mit diesen kosmischen Kräften vertraut und diese zu deinen wichtigsten inneren Verbündeten zu machen. Damit lädst du aktiv die Fülle des Universums in dein Leben ein. Tatsächlich ist es so: Dir ist alles möglich, weil deiner Seele in Verbindung mit den Inneren Helfern alles möglich ist. Wir werden daher erforschen, was die Seele ist und was die Inneren Helfer sind, was diese können, wie du sie rufen und nutzen kannst, und wie diese einen Quantensprung in deinem Leben hervorzurufen vermögen.

Stil und Aufbau des Buches

Als Sprachstil habe ich das vertraute »Du« gewählt. Diese Form ist dir bekannt und unterstützt dich darin, die intime Nähe zu deiner Seele zu vertiefen und in lebendiger Freundschaft mit deinen Inneren Helfern zu wirken. In manchen geheimen Mysterienschulen werden die Inneren Helfer auch Zauberer genannt. Wie ist das zu verstehen? Nun, echte Zauberer führen keine Zaubertricks aus, sondern bewirken eine grundlegende Transformation. Wir gehen also über eine bestehende Form hinaus – »trans« bedeutet jenseits von etwas. In unserem Fall auch über eine bestehende Denkform. Das heißt, wir betreten NeuLand. Tatsächlich lösen die Inneren Helfer die Grenzen der Materie auf und verbinden dich mit der Grenzenlosigkeit des

Geistes. Das erscheint wie Zauberei. Doch in Wahrheit ist das dein Geburtsrecht. Denn Leben war nie als Kampf und nie als Mangel gedacht, sondern als Abenteuer in die Fülle der Formen.

Am Ende eines jeden Kapitels stehen Gedanken, die aus einer konzentrierten Perspektive nochmals die Brücke zu den Inneren Helfern deutlich machen.

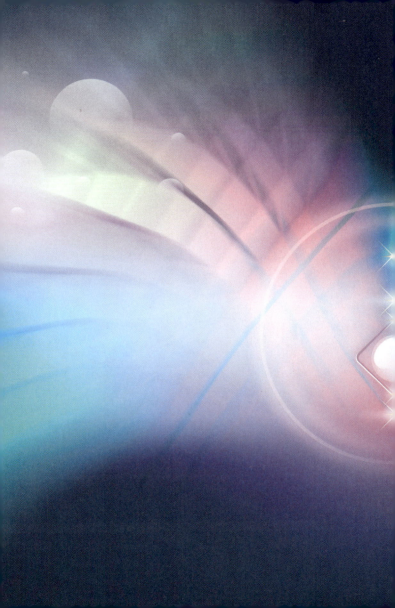

Über die Seele

Was ist die Seele? Das, was sich absolut nach dir anfühlt! Das, was bleibt, wenn alles andere abfällt. Alle Identifikationen, alle Rollen. Dein Status, dein Beruf, deine Persönlichkeit. Jeglicher Besitz. Sogar alle deine Freunde, deine Liebsten, deine Nächsten. Einfach alles. Alle Ablenkungen, und mögen diese noch so verführerisch sein. All dies ist nicht die Seele. Die Seele ist die Essenz deines Wesens. Und nur du allein kennst sie. Nur zu dir allein spricht sie. Nur dir allein zeigt sie sich. Immer dann, wenn du ganz du bist, erfährst du das So-Sein der Seele. Nur du schmeckst ihren Duft, nur du hörst ihr Lied, nur du weißt in aller Tiefe um sie. Weshalb? Weil du Seele bist. Die Seele ist der Gott in dir. Die Ewigkeit des Lebens. Die Seele ist der individualisierte Tropfen im Ozean des Geistes. Die Seele ist dein ICH BIN.

🌺 **Die Seele ist der Beobachter, der selbst nicht weiter beobachtet werden kann.**

Hier versagt die Sprache, weil das, was du bist, über die Begrenzung der Worte hinausgeht. Worte mögen behilflich sein. Sie können unser Verständnis vertiefen. Doch sie ersetzen niemals die Erfahrung. Die Erfahrung ist Erleben. Es gehört dir. Und bereichert dich.

Das Wort Seele ist wunderschön. Es kommt ursprünglich von »saiwalō«, was so viel wie See bedeutet. Gemeint ist ein stilles, in sich ruhendes Wasser, das gleichzeitig mit dem Land verbunden ist, sich vom Wind bewegen lässt, den Wolken und der Sonne zuwinkt. Ein Wasser, das erquickt und in dem sich Erinnerungen speichern. All das und mehr ist die Seele. Die Seele ist der individualisierte Geist im Ozean des Einen Geistes. Die Seele ist mit anderen Seelen verbunden und alle miteinander vereinen sich zu einer Weltenseele.

Im Grunde ist die Seele der unsichtbare Teil des Körpers und der Körper der sichtbare Teil der Seele. Unser Körper ist der Tempel der Seele.

Durch die Wahrnehmung der Seele öffnet sich unser Bewusstsein. Wir verlassen in zunehmendem Maße das Gefängnis eines ego-verkapselten Ichs und dehnen unser Verständnis hin zum Geist aus, der wir sind. Diesen nennen wir Seele. Mit der Seele erwachen neue Fähigkeiten in uns und unser Leben bekommt den Rückenwind kosmischer Unterstützung. Eine neue Leichtigkeit nimmt uns in ihre Arme. Materialismus weicht langsam einer zunehmenden Spiritualität. Spirit bedeutet Geist.

Verschiedene Wege der Erkenntnis

Der Weg des Buddhas

Siddharta Gautama, der Buddha, lehrte über jegliche Form hinauszugehen, um vollkommen vereint mit der Einheit des Einen Geistes, des Einen Herzens zu sein. Der Weg des Buddhas transzendiert jegliche Form und erkennt sich als reiner, ewiger Geist. Ohne wie immer geartete Identifikation, Bindung oder Anhaftung.

So erhaben dieser Weg ist, Tatsache ist, wir leben in der Welt der Formen, sind eingebettet in ein komplexes wie kompliziertes Regelwerk an sozialen Normen und haben täglich eine Vielzahl von Herausforderungen zu bestehen. Daher halten wir Ausschau nach weiteren Wegen.

Der Weg des Avatars

Der Avatar kommt genau von der gegenüberliegenden Seite. Er hat sich als reiner Geist erkannt und bringt diesen nun in die Form. Der Buddha ist der Meister der Auflösung. Der Avatar ist der Meister der Manifestation. Das Wort Avatar kommt aus dem Sanskrit und setzt sich aus den Silben »ava« und »tara« zusammen, mit der Bedeutung: »herabsteigen und neu formen«. Sanskrit ist die heilige Sprache der Brahmanen, kommt aus dem Alt-Indischen und wird auch »die vollendete Sprache« genannt.

Da uns die vollständige Verwirklichung als geistiges Wesen fehlt, die einen Avatar ausmacht, ist auch dieser Weg für uns schwer zu beschreiten.

Pragmatische Spiritualität

Pragmatische Spiritualität verbindet beide Wege. Im Segen der Meditation lösen sich die Formen auf, alle Anhaftungen fallen ab und der Tropfen des Ichs verschwindet im Ozean des Geistes. Allerdings nicht stabil. Denn im Alltag kann es sein, dass wir immer wieder in die anerzogenen Strukturen fallen. Doch die Erfahrung von Non-Dualität, von existenzieller Einheit, färbt mit der Zeit deutlich unser Leben ein.

Pragmatische, praxisorientierte Spiritualität bekennt sich dazu, die Ressourcen des Bewusstseins für ein umfassendes Gelingen des Lebens einzusetzen. Das bedeutet, wir fragen von Zeit zu Zeit nach dem konkreten Nutzen und den erkennbaren Auswirkungen unserer spirituellen Praxis. Es geht dabei weniger um Kontrolle, sondern eher um eine Inventur, um Veränderungen wahrzunehmen und zu würdigen. Uns gewissermaßen bei Erfolgen zu ertappen und daran zu erfreuen.

✺ Hier ein paar Beispiele, die in die Richtung zeigen, die ich meine ...

- ✩ Ist es gelungen, die innere Landschaft von Mangel in Fülle zu wandeln?
- ✩ Zeigt es sich in allen Aspekten deines Lebens?
- ✩ Konntest du Angst transzendieren und dich innerlich in Liebe verankern?
- ✩ Erlebst du dich in deiner Mitte und emotional stabil?
- ✩ Konntest du dich aus den üblichen Auf und Abs des Lebens befreien?
- ✩ Ist es dir geglückt, dich aus Identifikationen zu lösen?
- ✩ Wie nutzt du das Licht der Liebe in deinem Alltag, in deinen Beziehungen?

Wer diesen Weg geht ist eingeladen, kritisch und wahrhaftig mit sich selbst zu sein. Es geht nicht um das Erreichen eines Zieles, sondern um eine erkennbare Verbesserung, sowohl des inneren Klimas wie der äußeren Lebensumstände. Das bedeutet letztlich auch ein Meister über die Materie zu werden – weil wir uns innerlich aus deren Fesseln befreit haben.

Wir setzen die Kunst der Manifestation ein und wenden uns somit auch dem Weg des Avatars zu. Das Wort Manifestation bedeutet: Die Seele wirkt durch den Körper. Die Seele wirkt gewissermaßen durch den Körper hindurch und benutzt diesen für jene Erfahrungen, die sie auf Erden machen möchte. Dabei sind wir aufgefordert, durchlässig zu sein. Durchlässig für den Geist. Durchlässig wie ein hohler Bambus und durchlässig wie eine Flöte, damit die Seele ihr Lied spielen kann. Jedoch nicht passiv, sondern in einer aktiven Hinwendung. In einer bewussten, wachen Bejahung. In diesem kosmischen Spiel unterstützen uns selbstverständlich kosmische Kräfte, Innere Helfer, die unsere Fähigkeiten erweitern.

Dies ist eine Form der Spiritualität, zu der ich mich bekenne und die uns wirksam darin unterstützt, unser Leben erfolgreich und erfüllt zu gestalten. In allen Aspekten. Sowohl was den Körper und dessen Gesundheit betrifft als auch unsere vielfältigen Beziehungen, den Ausdruck unserer Berufung im Beruf, unsere ökonomischen Herausforderungen, die Frage des Geldes, unsere Wohnsituation ... einfach alles. Pragmatische Spiritualität hat Wurzeln und Flügel. Verbindet Himmel und Erde, Buddha und Avatar.

Die Verbindung mit der Seele

Die Seele ist niemals weg. Keine Nanosekunde. Die Seele ist immer präsent. Doch was viele Menschen nicht wissen: Die Seele ist wie ein Samen, wie ein Saatkorn. Die Seele will gerufen und aktiviert werden. Das hängt mit unserem freien Willen zusammen. Es ist unsere freie Entscheidung, ob wir diese Wahl treffen oder nicht. Treffen wir diese bewusste Wahl nicht, so bleibt die Seele ein Samen, der niemals zur vollen Reife erblüht. Dann bleibt die Seele eine Möglichkeit, die wir nutzen könnten – doch nicht wahrgenommen haben. Dann bleibt die Seele ein Potenzial, dessen vollen Ausdruck wir verpassen.

Ich biete dir nun eine Möglichkeit an, wie du dich mit deiner Seele verbinden kannst und diese ganz bewusst aktivierst.

❧ Der erste Punkt ist: Sei dir deiner Seele gewahr.

Die Seele sitzt in der geheimen Kammer deines physischen Herzens und ist mit der allumfassenden Unendlichkeit verbunden. Das Herz liegt genau in der Mitte deiner Brust. Allerdings schräg. Die Vorderseite ist auf der linken Seite – die Rückseite auf der rechten. Daher hört dein Arzt die Herztöne vorne links und hinten rechts ab.
Die Lage des Herzens zu kennen ist deshalb wichtig, damit du deine Aufmerksamkeit korrekt in die Mitte deines Herzens lenken kannst, um dich mit deiner Seele zu verbinden. Es ist unterstützend, ein paar lange und tiefe Atemzüge zu machen und dir dabei deiner Seele gewahr zu werden. In Stille. In Frieden.

❧ Zweitens: Lächle innerlich.

Damit meine ich, es geht nicht um ein äußeres Lächeln, sondern um ein inneres. Dieses Lächeln ist unsichtbar. Es zeichnet sich nicht in deinem Gesicht ab, doch in deinem Gemüt. Probiere es aus. Spüre, wie dieses unschuldige Lächeln deine Stimmung verschiebt. Dieses Lächeln kommt aus der Seele und wirkt wie eine tiefe geistige Entspannung.

Ein wahres Lächeln ist etwas Schönes. Ein Kunstwerk des inneren, unsterblichen Freundes. Wenn du möchtest, füge zu deinem Lächeln den Gedanken an: »Mögen alle Wesen glücklich und gesegnet sein.« Verbinde dich mit dem Beobachter in dir.

✿ Drittens: Lerne, dich mit Freude zu durchdringen.

Spüre, wie eine stille, unschuldige, an keine äußere Bedingung geknüpfte Freude dein Gemüt durchströmt und deinen Körper mit vollem Leben füllt. Du weißt, diese Freude kommt aus deiner Seele. Diese unspektakuläre Freude ist ein Geschenk deiner Seele. Ein Geschenk ist ein Geschenk. Du musst es nicht verdienen. Es kommt, weil sich deine Seele zutiefst freut, in dieser neuen Verbindung mit dir zu sein. Dies ist ein So-Sein und gleichzeitig ein »werden-werden«. Weshalb zwei Mal werden? Weil es immer weiter geht. Die Freude wird tiefer. Noch stiller. Noch unsichtbarer. Sie färbt dein Wesen ein. Freude ist ein Bewusstseins-Zustand.

✿ Viertens: Genieße. Halte inne. Lausche.

Öffne einen Moment den Blick für dein inneres Panorama. Schau dich einfach in dir selbst um. Genieße das Leuchten deiner inneren Landschaft – ohne zu lange bei einzelnen Formen zu verweilen. Beobachte. Denn du weißt, der Beobachter, der bist du.

🌿 Sprich nun laut: »Geliebte Seele, aktiviere dich jetzt. Danke.«

Es liegt ganz an dir, die Länge dieser kleinen Übung zu bestimmen. Es kann in Windeseile geschehen als labende Pause im Alltag. Als eine Erinnerung aus der Heimat in dir. Oder du lässt dir viel Zeit wie bei einem schönen Glas Wein, dessen Bouquet sich nach und nach entfaltet. Ich habe nur eine Bitte an dich: Genieße. Genieße die Verbindung zu deiner Seele. Kultiviere diese Verbindung, und der Segen dessen wird dich erreichen. Dieses Genießen ist ein Konzert aus Innehalten und Lauschen. Es geht darum, einfach für eine Weile die Aufmerksamkeit bewusst nach innen zu verlagern.

So wirkt die Seele im Alltag

Die Seele ist gleichzeitig in uns und außerhalb von uns. Sie ist verbunden mit jener Universalsubstanz, die wir Gott nennen oder besser: das Göttliche. Sehr treffend ist auch der Ausdruck »Tao« als verbales Zeichen für das im Grunde nicht Benennbare. Wir sehen, ein tiefes Verständnis für die Seele setzt ein offenes Bewusstsein voraus, das sich über die Grenzen des Denkhorizonts auszudehnen vermag. Die Seele reist im Unsichtbaren und ist – dies sei wiederholt – in ihrem Wesen vieldimensional.

Einige konkrete Punkte können wir aber sehr wohl ausarbeiten. Beispielsweise belebt die Seele den Körper und steuert körperliche Prozesse über eine eigene Sprache. Diese wirkt in unsere DNA hinein. Ein Teil dieser Informationen aus der DNA werden uns über das Gehirn bewusst. Das ist eine der Formen, wie die Seele in unserem Alltag wirkt. Je besser wir dies verstehen, desto besser können wir es nutzen.

Diese Zusammenhänge zu durchschauen ist deshalb so wichtig, weil jeder Mensch aus sich heraus nur das erschaffen kann, was mit seiner Vorstellungskraft korrespondiert. Je toleranter wir für Möglichkeiten sind, je mehr wir uns trainieren, in Möglichkeiten zu denken, desto grandiosere Chancen wird uns die Seele zuspielen. Das gilt und wirkt natürlich auch umgekehrt. Je rechthaberischer jemand ist und von vornherein das als Unsinn abtut was er nicht kennt, desto enger steckt ein solcher

Mensch in der Zwangsjacke seiner eigenen Überzeugungen. Ich nenne das Tunnelrealität.

Eines der größten Wunder in diesem Zusammenhang ist auch die scheinbare Festigkeit des Körpers. Denn der Körper erneuert sich ständig. Nach erstaunlich kurzer Zeit ist unser Körpergefährt bis auf die Ebene der atomaren Struktur vollkommen ausgetauscht.[1] Trotzdem erkennen wir einander wieder. Auch das ist ein paradoxes Sowohl-als-auch, das sich nur einem non-dualen Verständnis offenbart.

Ist die Verbindung zu unserer Seele aus unserem freien Willen heraus hergestellt, so beginnt die Seele verstärkt und für uns deutlich und erkennbar über Fügungen zu wirken. Ja, über Fügungen! Je mehr du dich also in deine Seele hinein entspannst, desto größer ist die Zahl der Fügungen, die sich in deinem Leben zeigen. Tatsächlich hat das einen geradezu formelhaften Charakter:

Je mehr du loslässt
und je mehr du als Möglichkeit zulässt,
desto häufiger erlebst du,
wie sich die Dinge fügen.

Die Synchronizität der Seele

Um das Wirken der Seele noch deutlicher herauszuarbeiten und um zu veranschaulichen, wie sehr du durch das Einbeziehen der unsichtbaren Verbündeten im wahrsten Sinn des Wortes das in dein Leben ziehen kannst, was wie ein Wunder erscheint – ja, wie ein Wunder! – lade ich dich ein, das Wirken der Seele in deinem Alltag noch viel stärker zu erfahren.

Ein wichtiger Gedanke vorab: Die Seele kennt keine Zeit in dem Sinne, wie wir Menschen Zeit verstehen. Wir Menschen sind zeitgebundene Wesen. Auch wenn wir wissen, dass es auf der Quantenebene keine Zeit gibt, erfahren wir alle im Alltag Zeit. Jeder Mensch wird geboren und jeder Mensch stirbt in seiner Körperlichkeit. Wie gesagt, das gilt für die Seele nicht. Diese ist in einem immerwährenden Jetzt. Daher wirkt die Seele in unserem Leben durch Synchronizität. Synchronizität ist ein anderes Wort für Fügung.

❦ Synchronizität

Da die Sprache ein so wunderbarer Lehrmeister ist, möchte ich mich dem Wort über die Genesis, also über den Ursprung nähern. Der Begriff Synchronizität an sich ist eine künstliche Neubildung und wurzelt im griechischen »syn« – »zusammen, zugleich« und »chronos« – »Zeitdauer«. Damit ist gemeint, dass verschiedene Bewegungen im gleichen zeitlichen Rahmen aufeinandertreffen. Sie fügen sich und werden sichtbar.

Uns muss klar sein, dass wir uns damit einem magischen Denken nähern. Denn normalerweise werden solche Geschehnisse als blinder Zufall gedeutet. Doch genau das tun wir nicht.

Wenn wir mit der Seele verbunden sind und aktiv auf deren Wirken schauen, erleben wir keine blinden Zufälle. Diese sind für uns zwar in der Tiefe nicht verstehbare, jedoch erkennbare Fügungen. Und je mehr wir uns auf diesen Tanz einlassen, desto mehr Fügungen provozieren wir! Gleiches zieht Gleiches an, wie bereits das Resonanzgesetz aussagt. Das, was getan werden will, ergibt sich aus sich heraus. Damit haben wir eine Art magischen Zauberstab in der Hand. Nicht materiell, wohl jedoch virtuell.

Wir können das Hervorrufen solcher Fügungen enorm steigern, wenn wir das mit unseren Inneren Helfern koppeln. Bitte behalte das als sensationelle Möglichkeit in deinem Bewusstsein wach. Wenn du dem Strom der Synchronizitäten folgst, steuerst du, in dem du mitfließt. Du erlebst: Alles zeigt sich. Alles fügt sich. Und das, was getan werden will, zeigt sich aus sich heraus. Dies ist wirklich eine andere Form zu leben. Öffne dein Herz für die Magie dieser Leichtigkeit. Das ist die Widmung dieses Buches.

❦ Synchronizität ist höchstes Glück

Hier noch ein praktischer Tipp. Beginne über eine für dich überschaubare Zeit, Fügungen, die sich spontan und unerwartet ergeben, zu notieren. Sagen wir für ein, zwei Wochen. Die Einladung lautet: Nutze die Magie der Schriftlichkeit.

Wenn du das tust, wirst du erfahren, wie sehr sich dein Blick für Fügungen schärft und wie du immer besser darin wirst, diese nur durch dein Zulassen bei gleichzeitigem Nicht-Erwarten zu steigern. Staunen wird deine Augen zum Leuchten bringen, denn Synchronizität ist pures Glück. Hier offenbart sich die Leidenschaft des Lebens, sich zu verschenken.

Du wirst es selbst kaum glauben. Deshalb habe ich gesagt, um mit Synchronizitäten zu arbeiten bedarf es einer gewissen Nähe zu natürlicher Magie. Zur Magie der Natur. Zur Magie des Lebens. Zur Magie der Seele.

Die größte Überraschung

Nun kommt eine möglicherweise wirklich große Überraschung für dich und ich würde jetzt gerne dein Gesicht sehen. Mal schauen, ob die Überraschung glückt ...

Es geht los: Wenn du das Wirken der Synchronizität in deinem Alltag verinnerlichst, dann befreit dich das aus den Fesseln des anstrengenden Arbeitens! Denn eine vollkommen neue, im wahrsten Sinn des Wortes zauberische Leichtigkeit bewegt deinen Alltag. Natürlich gilt es noch zu handeln, doch die Schwere ist weg. Du brauchst nur noch zugreifen, wenn die Gelegenheit vor dir auf dem gedeckten Tisch liegt. Erinnere dich: Alles fügt sich und das, was getan werden will ergibt sich von alleine.

Weil das so ist und um dich auf einfache und doch verblüffende Art daran zu erinnern, haben wir auf dem Cover dieses kleinen Buches eine Feder abgedruckt. Eine blaue, schwebende Feder – mit einem sanften Schatten darunter. Der Schatten soll andeuten: Wir wissen nicht genau und brauchen das auch gar nicht zu ergründen, weshalb die Dinge in der rechten Zeit und Reihenfolge geflogen kommen. Doch sie kommen. Sie kommen aus dem Unsichtbaren. Und du weißt und kannst dir sicher sein: Die Seele reist im Unsichtbaren und ist – dies sei nochmals wiederholt – in ihrem Wesen multidimensional. Ab jetzt kann und darf es wirklich leicht werden.

Die vergessene Sprache

Wir sind nun an einem bedeutsamen Punkt unserer Reise angelangt. An einem Wendepunkt. Denn es geht um eine vergessene Sprache. Das ist die Sprache der Seele. Wenn wir um diese Sprache weder wissen noch sie verstehen, bleiben wir abgeschnitten von dem, was uns die Seele flüstert. Und auch uns ist es unmöglich, direkt mit der Seele und den Inneren Helfern zu kommunizieren.

🌿 Was bedeutet das für unser Leben?

☆ Sobald es uns gelingt, direkt mit der Seele zu kommunizieren, wird uns unser Seelenauftrag klar und die Seele unterstützt uns auf zauberische Weise darin, jenes Leben zu führen und jenen Beitrag zu erfüllen, den wir uns für dieses Leben vorgenommen haben.

☆ Die Seele hat direkten Zugang zum grenzenlosen Potenzial des Geistes.

☆ Der Seele, in Verbindung mit den Inneren Helfern, ist alles möglich.

Es ist selbstverständlich, dass dazu auch jene materielle Fülle zählt, die unser Leben angenehm und sorgenfrei werden lässt. Alle Ressourcen, die erforderlichen Energien, die zu uns passenden Menschen, kreative Ideen, praktische Umsetzungsmöglichkeiten, Geldmittel ... einfach alles, was uns in unserem

Auftrag unterstützt, können wir direkt rufen. Denn es ist ja tatsächlich alles im Überfluss vorhanden. Das Universum ist Fülle.

❧ Wir können alles abrufen. Einfach alles!

Da die Seele über Fügungen wirkt und klarerweise bestens unseren Seelenauftrag kennt, werden uns synchron Möglichkeiten zugespielt, an die wir gar nicht denken. Es kommt hinzu: In all dem können wir keinen Fehler machen! Denn die Seele kennt das größere Muster und das gesamthafte Bild. Die Seele arbeitet – anders als unser Ego – in Übereinstimmung mit den höheren Gesetzmäßigkeiten. Wenn wir etwas wollen, was nicht in Übereinstimmung mit einem gesamthaften Werden steht, bekommen wir entsprechende Signale.

All das lässt mich sagen, wir sind als Menschheit an einem Wendepunkt angelangt. Denn mehr und mehr erinnern sich an diese vergessene Sprache. Und das ist die vielleicht beste Nachricht im Konzert dieser guten Nachrichten. Dieses Erinnern ist ein Zulassen.

Die Spur zur vergessenen Sprache

Der springende Punkt ist, wir wurden mit dieser Sprache geboren. Wir haben diese Sprache mitgebracht. Wie alles andere auch. Als wir geboren wurden, schlummerte bereits die große Absicht für dieses Leben in uns. War angelegt wie ein tiefes und heiliges Ziel. Daher bekamen wir auch die entsprechenden Fähigkeiten mit. Und wir wurden in eine Familie und in eine Umgebung hineingeboren, die aus einer höheren, universellen Sicht die besten Voraussetzungen erfüllte, damit uns das gelingt, weshalb wir uns inkarnierten.

Natürlich muss das nicht mit der begrenzten Sicht unseres Egos und dessen Vorstellungen übereinstimmen. Und manche von uns wurden in Verhältnisse hineingeboren, die aus unserem Blickwinkel katastrophal sind. Nicht jedoch aus der Sicht der Seele, der es um Balance, um ausgleichende Erfahrungen geht. Und wenn du eine alte Seele bist, was ich annehme, dann geht es auch darum, deine menschlichen Erfahrungen zu komplettieren. Denn deine Zeit für ein neues Spiel ist gekommen.

Wir wurden also mit dieser Sprache geboren und …? Haben sie während der ersten Jahre wieder vergessen. Wie unsere Eltern vor uns. Und deren Eltern in der langen Reihe unserer Ahnen. Doch eines ist klar: Die Sprache ist in uns.

Die Spur führt uns also zurück zu unserer Wiege. Wir dürfen wieder wie Kinder werden und können doch das reife Kleid der Erwachsenen tragen.

Der Name der vergessenen Sprache

Der Name dieser vergessenen Sprache lautet Ekstase. Ekstase wird, wie so vieles, heute vollkommen missverstanden. Weil wir vergessen haben, was Ekstase ist. Nämlich ein Zustand in uns. Jene unbändige, unschuldige Freude, die wir heute in Kinderaugen so sehr bewundern. Wer immer in die Augen eines Neugeborenen schaut, blickt in die Tiefe der Grenzenlosigkeit und versinkt im Nirgendwo. Und wenn wir diesen erhabenen Moment zulassen und wach wahrnehmen, so regt sich eine wohlige Erinnerung in uns. Diese Erinnerung schmeckt nach Heimat und hat ein Aroma, das uns auf meist unerklärliche Weise vertraut ist.

Ekstase wird heute häufig in ein obszönes Feld gezerrt. Das zu korrigieren ist die Religio, die Rückverbindung zur Seele. Ekstase ist das Tempellied im Gewand des Körpers. Ekstase ist nicht nur eine wunderbare innere Musik, ein Chor aus Wohlgefühl, sondern bietet auch einen konkreten Lebensnutzen.

Dieser wird deutlich, wenn wir zum Ursprung des Wortes Ekstase reisen. »Ékstasis« sagten die alten Griechen und meinten damit, aus sich heraustreten. Und zwar aus den Begrenzungen und Trennungen herauszutreten, in die wir uns verirrt haben. Dieses Heraustreten öffnet andersartige Wahrnehmungsmöglichkeiten. Genau das brauchen wir, wenn wir Großes vollbringen wollen. Und was ist das Große, das wir vollbringen wollen? Es kann nichts anderes sein als das, weshalb wir diese Erdenreise angetreten haben. Konkret: Weshalb du, weshalb wir hier auf Erden sind.

Großes zu vollbringen heißt nicht unbedingt Präsident eines Landes zu sein, wohl jedoch der König, die Königin im eigenen Leben. Und das können wir nur sein, wenn wir wissen, wer wir sind. Und wenn wir wissen, dass es mehr Welten und Reiche gibt als unsere Schulen uns lehren.

Der größte Nutzen für dich entsteht, wenn du Ekstase zu deinem Normalzustand machst. Wenn es nicht etwas Außergewöhnliches, sondern etwas Alltägliches ist. Und ich verspreche dir: Du wirst dich niemals daran gewöhnen. Sondern jeden Tag aufs Neue still jubelnd dieses Geschenk fühlend in Empfang nehmen.

Denn Ekstase stumpft nicht ab, sondern schärft deine Wahrnehmung für immer noch mehr Möglichkeiten auf der Abenteuerstraße deines Lebens.

Die Seele ist multidimensional und somit gleichzeitig innerhalb sowie außerhalb deines Körpers. Die Inneren Helfer bewohnen die geistigen Welten. Ekstase ist die impulsive Sprache, die du fühlend wahrnimmst und durch die du deinen Träumen Flügel verleihen kannst.

Um mit der Seele und den Inneren Helfern zu arbeiten und grandios zu wirken, ist sowohl ein Verständnis als auch das Erleben von Ekstase der nährende Boden für ein umfassendes Gelingen in allen Bereichen.

So spricht die Seele zu uns

Die Seele spricht zu uns über Impulse. Und zwar überaus klar und genial einfach. Die Seele sendet uns nur ein Ja oder ein Nein. Kein Vielleicht. Ein Ja spüren wir als ein wonniges Gefühl, das uns etwas in die Richtung sagen lässt: Ja, das fühlt sich gut an. Damit einher geht ein inneres Erblühen. Es ist, als ob etwas aufgehen würde. Es wird weit in dir. Dieses Weit-werden ist ein untrügliches Zeichen.

Bei einem Nein spüren wir das genaue Gegenteil. Etwas in uns beginnt sich zusammenzuziehen. Wir spüren ein flaues Gefühl. Es kommt häufig vor, dass wir den Grund nicht wirklich benennen können. Manchmal ist es so, dass ein Vorschlag sehr logisch klingt, verlockend, und wir können trotz scharfer Sicht keinen Haken erkennen. Und doch ...! Es wird eng in dir. Dies ist ein untrügliches Zeichen.

Und jetzt eine Frage, die nur du beantworten kannst: Hast du das nicht schon oft erlebt? Etwas in dir hat dich gewarnt. Du hast gespürt, das solltest du nicht tun. Doch dein Verstand konnte kein Hindernis ausmachen. Und du hast begonnen, an deinem Gefühl zu zweifeln und schließlich gegen dein inneres Wissen Ja gesagt. Später hat dir das Leben gezeigt, es wäre wohl besser gewesen, wenn du auf die Impulse gehört hättest.

Bitte vergiss nicht: Die Seele wirkt in Fügungen. Sie fügt dann die Umstände deines Lebens so, dass du auf fehlende Verbindung zur Seele aufmerksam wirst.

Erinnere dich an den Meisterschöpfer!

Die geheime Kammer des Herzens ist der Ort, von dem aus wir meisterliche Schöpfer werden. Warum ist das so? Dazu muss ich etwas ausführlicher werden.

In unserem Herzen gibt es eine geheime Kammer. Dies ist allerdings kein physischer Raum, sondern ein geistiger. Es ist ein Bewusstseinsraum. Die Mehrzahl der Menschen fasst einen Gedanken und schöpft vom Verstand aus. Das ist ihnen nicht bewusst, doch wenn wir aus dem Kopf mit Hilfe des Verstandes schöpferisch wirken, verwenden wir – Achtung! – ein Werkzeug aus dem Reich der Gegensätze. Das heißt, dass du immer auch die polare Seite deiner Schöpfung mit anziehen wirst. Das liegt im Wesen des Verstandes. Der Verstand kann nicht anders, als alles in Kategorien zu schieben. Das ist seine Natur.

Was für den Löwen die Pranke und für den Elefanten die Stoßzähne sind, ist für uns der Verstand. Der Verstand hat unser Überleben auf diesem Planeten gesichert und hat uns zu dem gemacht, der wir sind. Der Verstand ist unsere stärkste Waffe. Der Verstand ist großartig. Großartig als Diener. Doch vollkommen ungeeignet als Herr. Das ist einfach nicht seine Aufgabe. Als Herr ist er eine Katastrophe. Als Herr macht er den Menschen und die Menschheit wahnsinnig. Als Herr treibt es uns in den Abgrund. Als Diener jedoch in höchste Höhen. Verwende den Verstand als Diener. Damit schenkst du ihm seine Erfüllung. Dies ist sein Auftrag, das ist seine Aufgabe. Doch überfordere ihn nicht, indem du ihn zum Herrn erhebst. Er wird es zulassen, denn er ist dein Diener. Er tut, was du befiehlst. Doch wisse, dann wird der Diener zum Herren und du wirst zum Diener.

Schau dich nur um. So viele Menschen sind Sklaven ihres eigenen Verstandes und leben damit in ihrem eigenen Irrenhaus. Das wird dir nicht geschehen, weil du diese Zusammenhänge durchschaust. Die Zeit ist gekommen, in der wir aus der Versklavung durch unseren eigenen Verstand erwachen. Ja, diese Zeit ist längst gekommen! Du bist der Meisterschöpfer.
Du bist die Meisterschöpferin.

Aus der geheimen Kammer des Herzens träumen

Alles, was du dir erträumst, kann sich erfüllen, wenn du aus der geheimen Kammer deines Herzens zu träumen beginnst. Du weißt, im Traum ist alles möglich. Alles! Wenn du dich mit deiner Seele verbindest, wie zuvor beschrieben, wird ein inneres Lächeln dir Leichtigkeit schenken, dein Körper von Freude durchdrungen sein und du genießt das Leben. Lausche in dein Herz. Bündle deine Aufmerksamkeit in die geheime Kammer deines Herzens und beginne die nächsten Schritte deines Lebens zu träumen. Erinnere dich: »Den Seinen gibt es der Herr im Schlaf.«[2] Damit ist nicht unbedingt der Nachtschlaf gemeint, sondern dieser bewusste, wache, klare und kreativ geführte Traum. Dieser Traum quillt aus deinem Herzen in die Welt hinaus. Und jetzt höre bitte genau zu: Dein Traum quillt aus deinem Herzen in die Welt hinaus auf den Flügeln deiner Seele. Führe deinen Traum in das Feld aller Möglichkeiten. Vollbringe es tatsächlich!

Ja, auf den Flügeln deiner Seele

Dieser Traum wird sich ekstatisch anfühlen. Er fragt niemals nach dem Wie. Hast du dich im Traum jemals gefragt, wie du von einem Ort zu einem anderen gekommen bist? Du warst einfach dort. Du hast dich mit dem höheren Gesetz des Traums verbunden. Bewusst oder unbewusst – das spielt keine Rolle. Tatsache ist, du bist im Traum geschwebt.

Und was ist mit Albträumen? Hier zeigt dir das Ego, was geschieht, wenn du aus dem Ego heraus träumst. Wenn der Verstand dein Herr wird. Dann ziehen dich dunkle Kräfte in ihren Bann. Doch das wird bei dir nicht sein, denn du bist eine alte Seele und eine geübte Reisende.

Aus der geheimen Kammer deines Herzens hast du immer eine Verbindung zu deiner Seele und damit sowohl in deine dreidimensionale Wirklichkeit als auch zum Licht der Sterne und zur Urquelle. Die geheime Kammer des Herzens verbindet dich aber auch mit den Tieren und Pflanzen und damit mit der Weisheit und den Kräften dieser Reiche. In der geheimen Kammer deines Herzens vereinigt sich die tiefste Absicht deines Lebens mit den Möglichkeiten der Seele. Das nenne ich gesegnet. Denn es handelt sich um eine gesegnete Verbindung, die durch alle Zeiten und in alle Bereiche und auf allen Ebenen wirkt und sich im ewigen Jetzt verdichtet. Und zwar zu deiner höchsten Bestimmung.

🌿 Träumen wir gemeinsam

Träumend sein Leben zu gestalten ist genial. Es braucht dazu kein blindes Vertrauen. Erforderlich sind lediglich ein wacher Verstand und ein offenes Herz. Wer einmal verstanden hat, wie das geht, wird einfach die Lust verlieren, sich täglich abzuquälen. Denn der Tag ist gespickt mit Fügungen. Nicht alle sind angenehm, das bitte ich dich klar wahrzunehmen. Denn die Seele spielt uns Hindernisse und Stolpersteine zu, die uns einladen, noch genauer zu schauen, noch feiner zu lauschen und auf die Symbolik des Lebens zu achten. Doch für ein gutes Pferd genügt der Schatten einer Peitsche. Und selbst das ist manchmal nicht erforderlich. Wenn Pferd und Reiter eine Einheit bilden, spürt das Pferd den Willen des Reiters. Diese Analogie trifft auch auf dich und auf deine Seele zu.

Und du weißt, alles was uns begegnet, ist ein Spiegel von uns. Wir leben in einer Art Spiegelwelt. Durch die Illusion hindurch zu schauen ist der Blick in die Realität des Geistes. Nutze dazu deinen Verstand. Doch träume aus dem Herzen. Entwickle einerseits deine höchste Vision von deinem Leben und beschreite anderseits Schritt für Schritt deinen Weg. Mache den ersten Schritt und dann gehe einfach weiter. Selbst eine Reise von 1000 Meilen ist so zu bewältigen.

❧ Die Brücke

Die Inneren Helfer kooperieren mit der Seele und nicht mit dem Ego. Erfüllt sich ein Auftrag an die Inneren Helfer nicht, so korrespondiert dieser Auftrag nicht mit unserem Seelenplan. Die Seele wirkt in Fügungen und Ekstase ist die vergessene Sprache. Das gilt auch für die Inneren Helfer, welche wirkende, anziehende Kräfte sind. Ekstase ist magnetisch. Ekstase steckt an. Lebe ekstatisch und genieße dich selbst.

Im Strudel der Zeit

Die nächste Fährte führt uns zu einer Untersuchung von Zeit und zu der Frage, ob es so etwas Verwegenes geben könnte wie ein Loch in der Zeit? Ein weißes Loch im Strudel der Zeit? Doch zunächst taucht eine Frage auf, die schwirig zu beantworten ist. Die Frage lautet: Was ist Zeit? Gibt es überhaupt Zeit? Die Quantenphysik verneint das und liefert dafür Beweise. Gleichzeitig erleben wir alle Zeit. Wir sind gewissermaßen zeitgebundene Wesen in einem sich stets verändernden und vergänglichen Körper. Welche Antworten finden wir in Bezug auf Zeit im Sinne einer pragmatischen Spiritualität?

Was ist Zeit?

Wenn wir in tiefer Meditation sind, hört Zeit auf zu existieren, und wir sind in einem zeitlosen Jetzt. Kaum beginnt der Verstand wieder zu arbeiten, kommt auch die Zeit zurück. Aus dieser Beobachtung heraus reifte in mir die Erkenntnis, dass Zeit als ein mentaler Raum in uns verstanden werden kann. Sozusagen als ein Modell unseres Verstandes. Ein Beschreibungsmodell, das uns innerlich in die Vergangenheit zurück und in eine mögliche Zukunft vorausblicken lässt. Natürlich ist alles im Jetzt, doch damit lassen sich unsere Möglichkeiten unglaublich erweitern. Ein Löwe kann das nicht. Zeit ist ein sehr kluges Modell, über das wir uns weltweit geeinigt haben. Da dies ein so ungewöhnlicher Gedanke ist – Zeit als ein Modell unseres Verstandes zu begreifen – beleuchte ich ihn nochmals aus einer anderen Perspektive.

Wie fliegt der Pfeil der Zeit?

In einem chronologischen Zeitverständnis fliegt der Pfeil der Zeit linear. Er fliegt von der Vergangenheit in die Gegenwart und von dort in die Zukunft. So arbeitet der Verstand am liebsten. Wobei der Begriff Gegenwart problematisch ist. Denn wie eng kann der Verstand den Abschnitt Gegenwart gestalten? Jetzt ist ein Zustand des Bewusstseins! Jetzt ist ein Punkt, ein Momentum, ein Gewahrsein. Jetzt ist ein für den Verstand erst im Nachhinein zu fassender Bruchteil. Kaum bewusst, schon vergangen. Wie ein Tropfen in einem rasch fließenden Fluss. Kaum siehst du ihn, kaum wurde er dir gewahr und du willst nach ihm greifen, schon ist er ganz woanders.

Der Philosoph Heraklit sagt: »Man kann nicht zweimal in denselben Fluss steigen.« Das klingt logisch. Doch im Grunde genommen kannst du kein einziges Mal in den gleichen Fluss steigen – da der Fluss einfach niemals gleich ist. Sein Wesen ist die fließende Veränderung. Und das gilt auch für dich. Auch dein Körper verändert sich auf der Zellebene permanent.

❦ Wohin führt uns das?

Zu der Einsicht, dass die Zeit, die wir mit unseren Uhren – mit unseren Chronometern – messen, eine von uns Menschen erdachte kluge Übereinstimmung ist. Es ist klar, dass diese Form von messbarer Zeit ein mentales Konzept ist, das es in dieser Form existenziell nicht gibt. Zeit, wie wir sie kennen und täglich einsetzen, ist ein Produkt unseres Verstandes. Wir haben die Welt in Zeitzonen eingeteilt und können leicht damit übereinstimmen, welcher Tag, welcher Monat, welche Uhrzeit wann wo ist. Dieses Zeitmodell hilft uns, durch den Raum zu navigieren. Es ist sehr leicht, sich zu einem bestimmten Zeitpunkt an einem bestimmten Ort zu verabreden. Die alten Griechen hatten für diese Form des Zeitverständnisses gar einen eigenen Gott. Den nannten sie Chronos. Er versinnbildlicht den Ablauf der Zeit. Die wehende, fliegende, rinnende Zeit.

Zu Chronos gesellten sie den Gott Kairos. Den Gott für den günstigen Zeitpunkt, den Gott des rechten Augenblicks, den Gott für die Qualität der Zeit. Das ist ein sehr subtiler Punkt, nicht wahr? Denn wir alle sind verbunden mit den Möglichkeiten, die wie Früchte im Gefüge der Zeit reif wurden. Und wir halten Ausschau nach günstigen Gelegenheiten und nach Fügungen. Wir suchen den für uns günstigen Augenblick, fragen, wann uns die Sterne gesonnen sind und der Wind gut steht. Mit einem Wort: Wir sind in Kontakt mit dem, was zu einer bestimmten Zeit möglich ist.

Der Verstand verknotet viele Zeichen zu einem Muster. Er verwebt vielerlei Signale, bündelt viele Fäden, beobachtet die Verdichtung von gravierenden Veränderungen und versucht, Spuren im Gewebe der Zeit zu erkennen und zu verstehen.

✿ Welcher Nutzen ergibt sich daraus?

Was hast du von diesen Informationen? Viel. Sehr viel. Denn wenn wir Zeit verstehen und entmystifizieren, können wir erfrischend neu damit arbeiten. Wir können die Zeit in unserem Verstand verschieben. Wobei ich mit »wir« den Beobachter meine, unser Wesen. Wir können in die Vergangenheit reisen und die Ereignisse dort neu bewerten und somit das Erleben der Vergangenheit im Jetzt verändern. Das kann Heilung pur sein! Das kann tiefe Versöhnung und inneren Frieden auslösen. Du kannst das in deine Hände nehmen und ausprobieren.
Und natürlich können wir innerlich auch in die Zukunft reisen und von dort aus in die Gegenwart schauen.

Wobei wir in eine Zukunft reisen, in der unser höchstes Potenzial erblüht ist. Wir sehen das Licht, das wir wirklich sind.
Achtung: Der allergrößte Nutzen aus dieser Information besteht darin, dass wir die Vergangenheit NICHT in die Zukunft verlängern. Das tun wir normalerweise immer. Wir hingegen machen einen Bruch. Und reisen in eine Zukunft, in der unser höchstes Potenzial erblüht ist. Wir sehen das Licht unserer Seele. Und in diesem Licht sehen wir auf die Gegenwart und leben so in der Gegenwart.

Was ich vorschlage ist: Lebe dein Leben in der Gegenwart mit den Möglichkeiten aus der Zukunft. Damit verbindest du dich mit deiner höchsten Vision. Dadurch lebst du dein Leben mit den Ressourcen aus der Zukunft und verbindest diese mit den angeeigneten Fähigkeiten aus der Vergangenheit. So erweitert sich ernorm der Rahmen deiner Möglichkeiten.

All die Hindernisse, all die Begrenzungen, all die Verletzungen, die wir uns in der Vergangenheit zugezogen haben, können verschwinden. Denn diese sind nicht in der Zukunft. Sie hat eine leere Vergangenheit. Die Zukunft ist ein weißes Licht. Eine leere Leinwand. Wir füllen diese mit unserem Selbst. Dieser Nutzen ist gigantisch. Die Zukunft ist dein ideales Leben. Die Zukunft ist die Fülle deiner Möglichkeiten dann, wenn ...? Wenn du die Zukunft von der Vergangenheit trennst! Und genau das ist dir möglich. Und genau dazu lade ich dich ein.

🌺 Etwas Neues steht an.

Es ist, als ob sich für uns Menschen ein Tor öffnen würde, das uns in eine neue Epoche lockt. In eine globale Spiritualität. Wer von uns hat nicht das Gefühl, so wie bisher können wir als Menschheit einfach nicht weitermachen? Eine lineare Fortschreitung unseres Weges ist nicht mehr möglich. Wir spüren, ein grundlegender Wandel steht an – doch die wenigsten wissen, wie wir diesen vollziehen könnten. Und darin liegt die Crux. Denn es geht weniger darum, wie wir diesen zu vollziehen haben. Unsere Aufgabe ist, uns zu erinnern, wer wir sind. Dies ist in erster Linie ein Vorwärts erinnern. Ein Erinnern an unsere Zukunft. Ein Erinnern, dass wir im Bereich des Geistes starke Helfer haben. Wir sind nicht allein, sondern ausgestattet mit kosmischen Kräften, die absolut zu uns gehören. Die Zeit ist jetzt, die vorhandenen kosmischen Kräfte in unser Leben zu integrieren! Und zwar zu deinem persönlichen Wohl und damit gleichzeitig zum Wohle aller. Denn du als alte Seele weißt genau, wie ich das meine. Es geht nicht um eine Verherrlichung des Egos, sondern um den Ausdruck deines Wesens. Deiner Essenz. Du bist fähig, durch das weiße Loch im Strudel der Zeit zu fliegen und dich von der Evolution ziehen zu lassen. Denn du bist das Neue, das entsteht. Es entsteht durch dich und mit dir. Sobald du das voll und ganz bejahst, öffnet sich dein Leben für Wunder.

Gedanken-Experiment

Was geschieht, wenn wir Chronos und Kairos in einem Gedanken-Experiment verbinden? Lass uns das tun! Also, wir stellen uns in einem Gedanken-Experiment die Zeit wie einen großen Bogen in einer riesigen Spirale vor, die insgesamt 5125 Jahre umfasst. Nach dieser Zeit ist ein Weltzeitalter oder Großer Zyklus zu Ende gegangen und ein neuer beginnt. Die Übergänge der Großen Zyklen sind fließend. Das geht nie und nimmer von einem Tag auf den anderen. Der fließende Wechsel der Jahreszeiten mag ein Vergleich sein.

Nun behaupten wir in unserem Gedankenexperiment Folgendes: Es hat sich ein Zeitfenster geöffnet, um einer kritischen Masse von Menschen die Möglichkeit zu geben, in ein weißes Loch im Strudel der Zeit einzutauchen – um auf der anderen Seite leuchtend im Licht ihres vollen Potenzials wieder aufzutauchen.

Dieses weiße Loch im Strudel der Zeit ist ein Fenster der Transformation, das magnetisch jene anzieht, die Resonanz dazu in sich spüren. Das werden vermutlich alte Seelen sein. Wie du. Seelen, die im Grunde jede menschliche Erfahrung bereits gemacht haben. Seelen, die auch etwas müde geworden sind und die genug haben vom Spiel des Vergessens. Seelen, die sich inkarniert haben, um sich als Menschen wieder zu erinnern. Zu erinnern daran, einerseits ihren höchsten individuellen Kristallisationspunkt zu erreichen, ihre eigene Einzigartigkeit – und anderseits sich zu reintegrieren in das unendliche Feld des Einen Geistes, der Einen Liebe, des Einen Lichts. In diesem Feld war das Leben nie als Krieg gedacht, sondern als intelligentes und beherztes Spiel aus Kooperation und beseelter gegenseitiger Unterstützung. Als Spielfeld wurde uns die Erde angeboten. Planet Erde ist somit der Zaubergarten, um die Kunst der Manifestation anzuwenden. Als Schöpfer. Als beseelte geistige Wesen in einem wundervollen menschlichen Körper.

🌸 Hast du Lust, dich vollständig zu erinnern?

Falls du JA sagst ... dich in das weiße Loch im Strudel der Zeit ziehen lässt und dich erinnerst, so erinnerst du dich an deine Zukunft! An jene Zukunft, die dir in der Stunde deiner Geburt vollkommen gegenwärtig war. Mit dem Wind für diese Zukunft wurdest du geboren. Denn genau das hast du geplant, als Seele, die du bist. Aus einem Grund, der so ist wie er ist, hast du diesen Wind vergessen. Niemals ganz! Immer wieder hat dich dieser Wind erreicht, hat deine Segel gebläht und dich in die für dich richtige Richtung gelockt. Und immer wieder kamst du ab vom Kurs, auch weil du verstanden hast, wie stark das Leben mäandert. Es fließt niemals geradeaus. Linearität ist ein Konzept des Verstandes. Alles ist im Grunde ein gleichzeitiger Wirbel von Möglichkeiten. Das weißt du selbstverständlich. Doch es brauchte seine Zeit, bis du und ich und viele andere aus dem Vergessen aufgetaucht sind und sich erinnerten, wer sie tatsächlich sind. Und es brauchte seine Zeit, bis dein wissendes Herz die Führung übernahm, du ins Handeln kamst und dich dabei tragen und führen lassen konntest von dieser Gewissheit, die ein Wissen jenseits des Wissens ist. Du bist das personalisierte Licht. Du bist die Kerze, an der sich weitere Lichter entzünden. Du bist Teil der großen Flamme, die die Dunkelheit ablöst und ein neues Zeitalter entzündet.

❦ Die Zeit ist jetzt!

Erlaube mir diese Wiederholung: Jetzt fließt du durch diesen Strudel im weißen Loch der Zeit und jetzt tauchst du auf und verstehst dich als geistiges Wesen, das nun seinem Zukunfts-Selbst begegnet. In diesem JETZT. Wie ein feines Tuch umhüllt dich die Erinnerung an das, was du schon immer warst, was du auf ewig bist und für alle Zeiten sein wirst.

❦ Du hast eben eine neue Fähigkeit aktiviert.

Denn du kannst dich für alle Zeiten vorwärts erinnern. Hin zu deiner Zukunft, die im Strudel der Zeit immer JETZT ist. Dein Zukunfts-Selbst ist dein NeuLand.

Im Strudel der Zeit hast du die lineare Zeit ein für alle Mal verlassen. Du kannst und wirst sie als Uhrzeit für deinen Alltag nutzen. Als Modell deines Verstandes. Doch deine Zukunft ist keine Verlängerung der Vergangenheit mehr! Bitte vergiss das nie mehr. Deine Zukunft ist der Grund deiner Erdenreise. Du beobachtest deine Zukunft in die Gegenwart. Du kommst von der Zukunft her in die Gegenwart. Dein Handeln im Jetzt ist Ausdruck der lebendigen Erinnerung aus der Zukunft, die sich dir jetzt zeigt. Im Grunde ist das eine Drehung im Kopf. Lass dich davon nicht schwindelig machen. Du justierst einfach deine Sicht um. Du schaust aus der Zukunft – anstatt wie bisher aus der Vergangenheit.

Damit gehst du einen Weg, der an keiner Stelle den alten berührt. Damit bist du neu geboren, ohne dass dein Körper starb. Du erlebst deine eigene Neugeburt. Die Zukunft geht auf dich zu. Erinnern heißt in diesem Fall zulassen.

Du bist angekommen in deiner Zukunft. Frei von vergangenen Wunden bist du neugeboren. Leuchtend. Wie ein Neugeborenes in einem erwachsenen Körper. Du brauchst keine Windeln mehr! Du musst nicht wieder lesen und schreiben lernen. Alles, was du gelernt hast, steht dir zur Verfügung und ...? Und mehr. Viel mehr! Denn du bist im Strudel der Zeit aufgestiegen und befindest dich nun auf der Ebene des Geistes. Das ist deine Geburt. Nicht deine physische Mutter hat dich geboren, sondern du dich selbst.

Du hast dich als Seele erkannt. Du weißt, du kannst Innere Helfer rufen. Diese Inneren Helfer korrespondieren mit deiner Seele, doch sie dienen dir in deiner Menschlichkeit. Sie ebnen deine Wege als Mensch. Sie verlängern deine Fähigkeiten ins Grenzenlose. Nicht auf einmal. Das wäre zu viel. Sondern nach und nach. In einem offenen Prozess des »werden-werden« hin zu einem sehr viel besseren Werden. Du bist durch das weiße Loch im Strudel der Zeit geflogen und ganz entspannt im Hier und Jetzt gelandet.

❦ Die Brücke

Zeit ist in meinem Verständnis ein mentaler Raum, ein Geniestreich unseres Verstandes. Aus deiner inneren Mitte heraus, kannst du den Verstand beobachten und selbstverständlich auch steuern und inspirieren. Mit neuen Ideen versorgen. Der Verstand wirkt wie eine Brille, durch die wir schauen. Doch wir können die Brille – um im Bild zu bleiben – auch abnehmen. Dann haben wir eine direkte Schau. Wir fallen in eine Thermik, in einen Strudel im weißen Loch der Zeit, setzen die Brille wieder auf und schauen und verstehen neu. Die Inneren Helfer unterstützen uns als wirkende Kräfte dabei, dieses Kunststück zu vollbringen, um einen Sprung in der Evolution zu erfahren. Und zwar in deinem Leben und mit deinen Gefährten.

Im Feld der Möglich-keiten

Wir sind nicht nur umgeben, sondern regelrecht durchflutet von Möglichkeiten. In Möglichkeiten zu denken bedeutet, sich die nächste Stufe des Denkens anzueignen. Ich sehe darin die Evolution des Denkens. Dies ist ein ebenso rigoroser Schritt wie dereinst, als wir die grundsätzliche Kraft der Gedanken entdeckten. In Möglichkeiten zu denken ist ein königlicher Weg, um unser geerbtes Recht voll zu nutzen, Mitschöpfer und Gestalter zu sein.

Wir verlassen damit das Reich des Gewohnten und Bekannten und finden Heimat im Zaubergarten der Phantasie, großartiger Kreativität und praktischen, angewandten Schöpfertums.

Das Wissen um das Feld der Möglichkeiten dockt dich an den Zenit unserer wissenschaftlichen Forschungen an sowie an eine Zukunft, die deine Gegenwart auf elegante und grandiose Weise bereichert und erweitert. Denn in Möglichkeiten zu denken ist in der Tiefe eine Chance, die aus der Zukunft kommt. Es bedarf dazu keines wie immer gearteten Referenzpunktes in der Vergangenheit. Die Zukunft kann vollkommen neu sein. Die Zukunft kann jenseits unserer bisherigen Erfahrungen sein. Beispielsweise als Möglichkeit, ein Leben zu leben gänzlich jenseits von Mangel oder ohne die geringste Spur von Angst.

In Möglichkeiten zu denken ist deshalb so neu und ungewohnt, weil wir gewohnt sind, stets ein »Wie« mitzudenken sowie Materie als Realität und somit als gegeben ansehen. Wir fragen uns bei wirklich neuen und innovativen Vorschlägen meist als Erstes: Wie soll denn das gehen? Wie sollte dies möglich sein? Doch um in Möglichkeiten zu denken, ist dieses Wie zunächst verboten! Daher spreche ich von einem verbotenen Wie.

Nähern wir uns zunächst dieser Denkform von einer wissenschaftlichen Seite. Ich zitiere dazu den Quantenphysiker Prof. Dr. Amit Goswami. Er ist gebürtiger Inder, lehrt und lebt in den USA und ist eine wissenschaftliche Institution. Der Dalai Lama nannte ihn einen der herausragenden Forscher unserer Zeit. Die Kernaussage von Goswami ist so ungewöhnlich und gleichzeitig so prägend für ein neues Paradigma. Es stellt den alles durchdringenden Geist und die Möglichkeiten des Bewusstseins in den Mittelpunkt. Hören wir ihm einen Augenblick zu.

❦ Amit Goswami

»Wir alle haben uns an den Gedanken gewöhnt, dass alles um uns herum bereits ein Ding ist, das ohne meinen Input, ohne meine Wahl existiert. Diese Denkweise muss man sich abgewöhnen. Stattdessen muss man erkennen, dass selbst die materielle Welt um uns, die Stühle, die Tische, die Zimmer, der Teppich, dass all das nichts anderes als mögliche Bewegungen des Bewusstseins sind. Und ich treffe in jedem Moment eine Auswahl aus diesen Bewegungen, um meine tatsächliche Erfahrung zu manifestieren. So radikal muss man denken, aber es ist so radikal, so schwierig, weil wir dazu tendieren, dass diese Welt schon unabhängig von unserer Erfahrung da draußen existiert.

Aber das tut sie nicht. Die Quantenphysik hat das klar herausgestellt.

Anstatt in Dingen muss man also in Möglichkeiten denken. Es sind alles Möglichkeiten des Bewusstseins.«[3]

In seinem Klassiker *Das bewusste Universum* endet Goswami mit Fragen, die ich hier zu einem Satz zusammenfasse: Können wir unser enormes Potenzial erkennen – unsere Möglichkeiten – indem wir zu unserem wahren Selbst Zugang finden? Ich nenne dieses »wahre Selbst« Seele.

Als Antwort formt sich ein Ja, wenn wir diese Möglichkeit zulassen. Dazu Goswami: »Stellen Sie sich vor, wir gehen auf eine Zeit zu, in der die Menschheit sozusagen emporgehoben wird, das heißt weitgehend aus ihrem unvollständigen Zustand herauskommt und zur Einheit in der Vielheit findet. Das wäre fürwahr ein heroisches Abenteuer.«[4]

Um in wirklich verwegenen Möglichkeiten zu denken, ist es unabdingbar, die Realität des Geistes als allumfassend anzuerkennen und gleichzeitig zu begreifen, dass wir Menschen diesen Geist formen dürfen. Geist ist Leben. Und Leben ist bevölkert von Lebewesen und durchtränkt von Kräften der unterschiedlichsten Art. Ein einziger Blick in die Natur genügt, um uns davon zu überzeugen.

Es ist ein großer Verdienst der Quantenphysik, dass sie uns seit etwa hundert Jahren die Paradoxien des Lebens durch eine von uns bevorzugte Brille sichtbar zu machen versucht, nämlich durch die Linse der Wissenschaft. Auch wenn wir alle wissen, dass der letzte Stand der Wissenschaft stets auch der letzte Stand des Irrtums ist, so sind die meisten von uns doch geneigt, eher den Wissenschaftlern zu glauben als den Mystikern und erwachten Sehern.

Das veranlasst mich, die drei wesentlichsten und radikalsten Punkte der Quantenphysik kurz zusammenzufassen.

1. Leere ist der Urgrund von allem

Alles kommt aus dieser Quantenleere. Das Nichts hat keine Wand, kennt keine Grenzen. Die Wahrheit ist, dass das Nichts die Tür zu allem ist. Diese Leere ist die Öffnung zu unseren höchsten Möglichkeiten. Ich behaupte, dass jeder Mensch mindestens einmal in seinem Erwachsenenleben die Glückseligkeit dieses Nichts, das alles ist, erfährt. Wenn der eine oder andere sich nicht erinnern kann, so deshalb, weil der Verstand diese Erfahrung bezweifelt. Das ist auch verständlich, denn der Verstand kann diese Erfahrung aus seiner Natur heraus nicht machen. Er kann sie beschreiben. Wir können kluge Worte dafür finden. Doch all das ist wie der Finger zum Mond, nicht der Mond selbst. Die Erfahrung selbst liegt jenseits des Verstandes und geschieht in jenen Augenblicken, in denen wir den Verstand transzendieren. Wir erleben das als stille, unser Wesen durchdringende Glückseligkeit.

Grundlage dieser Leere ist eine unausgedrückte Ordnung. Der Quantenphysiker David Bohm (1917 – 1992) spricht daher von einer impliziten Ordnung, die im Gegensatz zu einer expliziten und somit sichtbaren Ordnung steht. Er behauptet, dass dem, was wir von der impliziten in die explizite Ordnung abrufen können, keine Grenzen gesetzt sind. Das bedeutet natürlich, dass wir gefordert sind, in verwegenen und herausfordernden Möglichkeiten zu denken, die sich jenseits des Herkömmlichen bewegen und von Traditionalisten meist mit Ignoranz oder Ablehnung bedacht werden.

Im Grunde ist diese Leere wie eine weiße Leinwand, die ausnahmslos alles abbildet, was der kreative Denker in uns ersinnt. Um es noch einmal zu sagen: Die gesamte Schöpfung gebiert sich aus dieser Leere. In einem religiösen Kontext ist das Mysterium dieser Leere Gott, in einem spirituellen der Eine Geist in der Qualität höchster Liebe. Ein Licht, das keine Polarität kennt. Quantenleere ist eine non-duale Wirklichkeit. Die Heimat aller Möglichkeiten.

2. Aus dem Nicht-Lokalen in das Hier

Die Quantenebene ist non-lokal. Das bedeutet, auf dieser Ebene gibt es das Konzept von Raum nicht. Und alle uns bekannten Gesetzmäßigkeiten der Newton'schen Physik sind hier aufgehoben und ungültig. Doch für uns bedeutet das in einem praktischen und anwendbaren Sinn, dass wir alles aus der impliziten Ordnung über zahllose Verschiebungen in der Realität – die wir weder kennen müssen noch kennen können – in die explizite Ordnung abrufen können. Und zwar an den Ort unseres körperlichen Lebens. Diese Arbeit vollbringen die Inneren Helfer. Daher sagen wir im Ritual zur Aktivierung der Inneren Helfer am Ende des Buches: »ES wirkt allumfassend und auf allen Ebenen.« Die Erklärung liegt darin, dass das Nicht-Lokale sich im Lokalen zeigt. Anders gesagt: Das Formlose zeigt sich in der Form an einem Ort. Und zwar dort, wo du sie in deiner Körperlichkeit erfährst, damit die Form dich unterstützt.

3. Aus dem Nicht-Zeitlichen in das Jetzt deiner Zeit

Selbstverständlich ist auf der Quantenebene auch das Konzept von Zeit aufgehoben. Die Gleichzeitigkeit von allem ist für den Verstand vollkommen unbegreiflich. Daher sagte der 2014 verstorbene Quantenphysiker Hans-Peter Dürr in einem persönlichen Gespräch zu mir: »Wer behauptet, er verstehe die Quantenphysik, hat diese nicht verstanden.«

Der Verstand kann anerkennen, dass alles, was jemals in den Milliarden Jahren auf Erden geschah und das, was bis in alle Zeiten in Zukunft sein wird, auf dieser Ebene gleichzeitig ist. Doch das wirklich zu verstehen und formal zu erfassen, das übersteigt einfach den begrenzten Rahmen unseres Verstandes.

Das Zeitlose zeigt sich in der Zeit. Und zwar in deiner Zeit. Nutze diese Möglichkeit – auch diese ist für dich erschaffen. Wieder bilden die Inneren Helfer die Brücke. Daher rufen wir im Ritual zur Aktivierung: »Wirke ab sofort. Jetzt.« Mit diesem Jetzt ist deine Gegenwart gemeint. Ansonsten wäre es für dich nicht wirklich unterstützend.

Stimmen im Gewebe der Zeit

Die Frage nach dem Stoff, der unser sichtbares Universum webt, beschäftigt uns seit den fernen Tagen der großen philosophischen Schulen unserer abendländischen Kultur. Werfen wir daher einen kurzen Blick in das alte Griechenland, um hier Demokrit und Platon zu begegnen.

❧ Demokrit

Beginnen wir bei Demokrit, dem lachenden Philosophen. Demokrit wurde vermutlich 460 v. Chr. als Sohn reicher Eltern im antiken Griechenland geboren. Sein Todesjahr ist im Nebel der Zeit verschwunden. Seine Lehre ist ein konsequenter Materialismus. Demokrit war davon überzeugt, dass die gesamte Natur sich aus kleinsten, unteilbaren Einheiten zusammensetzt, Atome genannt. Für ihn beginnt hier die Schöpfung und wird sichtbar in Myriaden von Formen.
Übersetzen wir seine Einsichten in unsere Zeit und in unsere Sprache, so lässt sich sagen: Alles ist Materie. Geist ist nichts anderes als eine Begleiterscheinung der Materie. Auch die Seele setzt sich, so Demokrit, aus Atomen zusammen. Der Stoff, aus dem unser Universum gemacht ist und alles, was darin kreucht und fleucht, heißt nach Demokrit: Materie.

Platon

Den Gegenpol nimmt Platon ein, der vermutlich von 428 bis 348 v. Chr. lebte. Auch er stammte aus einer vornehmen und wohlhabenden Familie. Sein wohl bekanntester Lehrer war Sokrates. Die Ideenwelt von Platon und sein berühmtes Höhlengleichnis, das er als Kunstgriff von seinem großen Lehrer Sokrates erzählen lässt, haben sich tief in unsere historische DNA eingeprägt. Der Sinn des Höhlengleichnisses liegt darin, die wahrnehmbare Welt als Spiegelung des Geistes zu verstehen. Es ist der Geist, der sich zu Materie verwandeln und sich scheinbar fest und dicht zeigen kann. Doch das Wesen hinter der Materie ist geistig. Es geht daher darum, sich dieser geistigen Welt für immer zu öffnen. Diese Wandlung hat einerseits jeder für sich zu vollziehen, anderseits ist es zugleich ein kollektives Bemühen.

Übersetzen wir die Einsichten von Platon in unsere Zeit und in unsere Sprache, so lässt sich sagen: Alles ist Geist. Materie ist nichts anderes als eine Begleiterscheinung des Geistes.

Die Entscheidung

Ich könnte hier eine Liste der berühmtesten und mit ihren Aussagen unser Weltverständnis verändernden Quantenphysiker aufzählen. Von Max Planck über Albert Einstein, Niels Bohr, Werner Heisenberg, David Bohm, John Archibald Wheeler, Hans-Peter Dürr, Fred Alan Wolf oder den erwähnten Amit Goswami ... sie alle und noch Hunderte mehr bestätigen: Materie ist nicht auf Materie aufgebaut. Alles ist Geist.

Wenn alles Geist ist, so sind auch wir Menschen aus Geist. Als Name für diesen individualisierten Geist schlage ich Seele vor. Die wohl eleganteste, einfachste und wirkungsvollste Form, mit der Unendlichkeit des Geistes als Mensch zu kommunizieren und zu wirken sind die Inneren Helfer. Die Inneren Helfer sind die Wirks, die wirkenden Kräfte. Ich komme weiter unten nochmals darauf zurück.

🌿 Tafel von Namen für das Feld der Möglichkeiten

Es gibt unzählige Sprachen, Fachsprachen und Dialekte in Gottes weiter Welt und manchmal meinen wir genau das Gleiche, verwenden jedoch verschiedene Begriffe. Um diese Verwirrung etwas zu mildern, biete ich hier verschiedene Begriffe für das Feld der Möglichkeiten an:

- ☆ MöglichkeitenRaum
- ☆ Implizite Ordnung
- ☆ Quantenleere
- ☆ Idealität
- ☆ Variantenraum
- ☆ Zaubergarten möglicher Schöpfungen
- ☆ Heim aller Möglichkeiten
- ☆ Die Leere
- ☆ Das Göttliche

Wenn der Eine Geist sich in die Polarität bricht, so erscheinen Bewusstsein und Energie. Ganz wichtig: Das Feld aller Möglichkeiten ist weder ein begrenztes Feld noch ein begrenzter Raum.

❦ Die Brücke

Die Inneren Helfer sind die Lichtboten, sind die wirkenden Kräfte, die alles aus dem Feld der Möglichkeiten in unser gelebtes dreidimensionales Leben bringen, was wir über die Seele rufen.

Das Kalpa Taru

Das Kalpa Taru ist das eher unbekannte Chakra in unserem Körper, das uns direkt mit den Inneren Helfern verbindet. Das Kalpa Taru ist somit die kosmische Steckdose an unserem Körper.

Dieses Chakra ist für die Erfüllung unseres Seelenplanes in diesem Leben zuständig. Denn im Kalpa Taru bündeln sich die kosmischen Kräfte der Inneren Helfer und deren machtvolles Wirken auf körperlicher Ebene. Dadurch ist das Kalpa Taru das Zentrum der Manifestation im Tempel deines Körpers. Von hier aus manifestierst du.

Ich werde die Informationen zum Kalpa Taru kurz und fokussiert halten. Alles, was dich befähigt, dieses Chakra zu verstehen und vor allem zu nutzen im Sinne einer pragmatischen Spiritualität, habe ich komprimiert erfasst. Bitte bedenke, der Verstand ist ein Nimmersatt, der es liebt zu theoretisieren. Wir durchbrechen hier absichtlich diese Gewohnheit des Verstandes, geht es doch ausschließlich um die Anwendung. Du verstehst das Kalpa Taru, wenn du dessen Möglichkeiten anwendest.

Die Chakras

Sowohl durch die Erde wie durch den Körper verläuft eine Achse. Die sichtbare Achse des Menschen ist die Wirbelsäule. Auf dieser Achse liegen Schwingungszentren. Diese Energiewirbel verbinden uns mit feineren Ebenen des Geistes. Die Chakras sind Begegnungsstätten der sichtbaren und der unsichtbaren Welt des Geistes. Die geläufigste Beschreibung der Chakras kommt aus dem Yoga und hier sind vor allem sieben Chakras als Hauptchakras angeführt.

Für diese Arbeit ist es unwichtig und es würde auch den Rahmen sprengen, auf die Bedeutung der einzelnen Chakras einzugehen. Wichtig für uns ist zu wissen, dass zwischen dem dritten Chakra - Solarplexus -, das über dem Nabel sitzt und das allgemein als das Kraftwerk im leuchtenden Energiesystem gilt, und dem vierten Chakra, das dem Herzzentrum zugeordnet ist, sich ein für weite Kreise unbekanntes Chakra befindet. Dieses wurde von tantrischen Alchimisten schon vor langer Zeit entdeckt. Dieses Chakra trägt den Namen Kalpa Taru. Es sorgt für die Süße des Lebens und für ein umfassendes Gelingen.

Lage und Farbe des Kalpa Taru

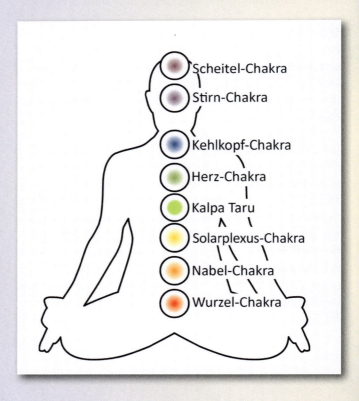

Um es nochmals zu sagen: Es liegt genau zwischen dem dritten und dem vierten Chakra. Um den Punkt klar und deutlich in deinem Bewusstsein zu verankern, drücke mit dem Mittelfinger fest auf den betreffenden Punkt und lenke deine Aufmerksamkeit vom Inneren des Körpers her auf deine Finger. Drücke nun mehrmals auf den gefundenen Punkt, so lange, bis du ganz sicher bist, schnell und jederzeit deine Aufmerksamkeit auf das Kalpa Taru lenken zu können.

Alle Chakras haben Farben. Die Farbe des Kalpa Taru ist ein durchscheinendes, transparentes, helles Grün. Es ist wie die Farbe von frischem Gras, das einerseits zerbrechlich wirkt und anderseits so verlockend nach Frühling duftet.

❧ **In meinem Verständnis ist das Kalpa Taru das Meister-Chakra.**

Es zu entdecken, darum zu wissen und es auch fühlend zu erforschen, schenkt deinem Leben die verdiente Meisterschaft. Die Meisterschaft der Manifestation.

Der Atem des Kalpa Taru

🌺 Einatmen:

Visualisiere den Atem als Prana-Energie aus dem Solarplexus, dem 3. Chakra, hoch in das Kalpa Taru. Atme dabei durch die Nase. Erlaube der Energie, sich im Kalpa Taru zu sammeln und dort zu verweilen.

🌺 Ausatmen:

Visualisiere das Ausatmen als Prana-Energie aus dem Herzen, dem 4. Chakra. Führe den Atem hinunter in das Kalpa Taru. Atme durch die Nase. Atme die im Kalpa Taru gesammelte Energie aus deinem Körper hinaus in dein Energiefeld. Folge dabei einem natürlichen Rhythmus. Strenge dich nicht an.

Ich lade dich ein, diese einfache, allerdings ungewöhnliche Form des Atmens zu üben und dir anzutrainieren.

Die Gewissheit hinter dem Wissen

Bitte wisse mit der absoluten Sicherheit der erwachten Seher und auch aus dem Wissen deiner alten Seele, dass das Kalpa Taru der körperliche Hafen ist, von dem aus du die Inneren Helfer in das Feld aller Möglichkeiten sendest und in dem sie ihre Geschenke wieder abladen. Das Kalpa Taru ist der genaue Schnittpunkt, wo sich die Nicht-Örtlichkeit der Quantenebene mit der Örtlichkeit deines Körpers trifft.

Die Brücke

Die Inneren Helfer wirken immer zu deiner höchsten Bestimmung. Deine höchste Bestimmung ist dein Seelenplan und damit der Grund für diese deine Erdenreise. Das Kalpa Taru ist das Meister-Chakra der Manifestation und der körperliche Hafen, von dem aus die Inneren Helfer wirken und ihre Geschenke bringen. Die Zeit ist Jetzt, dieses Wissen anzuwenden, um Großes zu vollbringen. Leidenschaftlich und weise zugleich. Kreativ und mutig. Unkonventionell und überaus erfolgreich.

Die Inneren Helfer

Wir sind jetzt beim Kern angelangt, den Inneren Helfern. Meine Art zu lehren und zu schreiben ist zyklisch. Ich umkreise in Ringen das Kernthema. Das hat den großen Vorteil, dass inzwischen eine hohe Realität entstanden ist. Wir haben beleuchtet, was die Inneren Helfer sind, wie diese wirken und woher sie die Möglichkeiten anziehen. Die Inneren Helfer ermöglichen dir, dass du das, was du dir bei deiner Geburt für dieses Leben vorgenommen hast, erfahren kannst. Sozusagen, dass du es von der Zukunft aus in deine aktuelle Gegenwart rufst. Und zwar wie ein großer spiritueller Meister, wie eine große spirituelle Meisterin.

Tafel der Inneren Helfer

Um die grenzenlose Macht der Inneren Helfer noch besser zu verstehen, biete ich hier eine Tafel an, die die Fähigkeiten und Wirkungsweise der Innern Helfer übersichtlich auflistet:

☆ *Die Inneren Helfer sind kosmische Kräfte,
die dir persönlich zur Verfügung stehen.*

☆ *Die Inneren Helfer sind über das Kalpa Taru
mit unserem Körper verbunden.*

☆ *Die Inneren Helfer sind in Kontakt mit dem
Genius deines Wesens.*

☆ *Die Macht der Inneren Helfer ist unbegrenzt.*

☆ *Ihre Macht liegt in der Kraft der Anziehung.*

☆ *Sie können aus dem Feld aller Möglichkeiten
alles anziehen.*

☆ *Daher ist dir alles möglich, weil deinen
Inneren Helfern alles möglich ist.*

☆ *Die Inneren Helfer werden durch
kosmische Energie bewegt.*

☆ *Doch es ist deine Glaubensenergie, die den
Inneren Helfer mit dir persönlich verbindet.*

☆ *Wenn du nicht an den Inneren Helfer glaubst,
kann dieser auch nicht für dich wirken.*

Wir Menschen sind dazu berufen und befähigt, das Neue hervorzubringen. Wir haben die Macht, unsere emotionalen Wunden zu heilen und mit den Bewegungen der Evolution ko-kreativ zusammenzuarbeiten. Mehr noch, wir Menschen sind Treiber und Agenten der Evolution.

Außerdem haben wir die Macht, uns aus falschen Identitäten zu lösen und unsere wahre Identität zu erkennen. Unsere wahre Identität ist geistiger Natur. Im Bereich des Geistes gibt es keine wie immer gearteten Auf- oder Abwertungen. Im Bereich des Geistes ist alles gleichwertig. Im Bereich des Geistes gibt es keine Grenzen.

☆ Wenn du die Inneren Helfer auf- oder abwertest, schneidest du dich von ihrer Macht ab.

☆ Die Inneren Helfer erfüllen dir jeden absichtsvoll gerichteten Wunsch, der im Einklang mit deinem Seelenplan steht.

☆ Die Inneren Helfer ermöglichen dir alles, was du brauchst, um deine höchste Vision in deinem Leben zu erfüllen.

☆ Als großartiger Meister – als großartige Meisterin – entwickelst und entfaltest du deine höchsten Fähigkeiten. Dabei unterstützen dich die Inneren Helfer.

☆ Doch letztlich liegt es an deiner Freiwilligkeit, dich an dem kosmischen Projekt zu beteiligen, ein Paradies auf Erden zu gestalten.

Bitte vergiss nicht, du bist reich an alter Vergangenheit. Doch du bist jungfräulich, was das Licht deiner Zukunft betrifft. Denn die Zukunft – erlaube mir diese Wiederholung – ist keine Verlängerung der Vergangenheit. Die Zukunft ist eine weiße Leinwand. Auf diese kannst du alles schreiben, damit es sich in der Gegenwart erfüllt. Und die Inneren Helfer bringen dir alles, damit sich dein höchster Traum erfüllt. Dies ist dein Geburtsrecht.

❦ Daher gilt: Lebe deinen Traum.

Die Inneren Helfer tiefer verstehen

Um absichtlich etwas Neues zu lernen, ist es wichtig, das Gelernte zu wiederholen, es mit anderen zu teilen und vor allem anzuwenden. Das Wissen von Büchern bleibt in Büchern. Wissen zeigt sich erst in der Anwendung. Erst dann, wenn wir Wissen praktisch anzuwenden verstehen, verändern sich die Silhouetten unseres Lebens. Die Inneren Helfer sind unsere kosmischen Geschenke, die die natürlichen Anlagen erweitern, mit denen wir geboren wurden. Diese kosmische Mitgift enthält alles, was es braucht, um ein geglücktes, in jedem Aspekt unseres Lebens erfolgreiches Leben zu führen. Wende das Wissen um die Inneren Helfer an.

❦ Die Inneren Helfer kooperieren nicht mit dem Ego.

Die Inneren Helfer kooperieren nicht mit dem Ego, das dich in der Knechtschaft der Trennung und der Isolierung hält. Das dir vorgaukelt, nicht mehr zu sein als ein hautverkapseltes Ich. Das Ego hat keinen Sinn für das rechte Maß und bezieht alles auf sich. Das Ego sendet dir nagenden Zweifel, Sorgenbringer und Angstmacher oder überhöht sich bis in pathologische Bereiche. Achte auf diese Einflüsterungen und wisse, woher diese kommen. Denn wir brauchen Orientierungshilfen, um unterscheiden zu können!

Die Inneren Helfer kooperieren nicht mit dem Teil in dir, der urteilt im Sinne von Verurteilen und der auf- und abwertet.

Der Dinge, Mineralien, Pflanzen, Tiere, Menschen, Engel, Gott erhöht oder erniedrigt und damit die Gleichwertigkeit allen Lebens verleugnet. Sobald du die Inneren Helfer auf ein Podest stellst oder sie abwertest oder verniedlichst, schmälerst du deutlich deren Wirkkraft in deinem Leben.

❦ So steigerst du die Wirkung.

Je normaler und alltäglicher du in Kommunion mit deinen Inneren Helfern bist, desto liebevoller und inniger, desto vertrauter und wundervoller entwickelt sich deine Liebesbeziehung mit diesen dir zugewandten Kräften. Liebe kennt weder Schuld noch Scham noch Peinlichkeit. Liebe ist. Liebe weiß. Liebe ist kein Phantasiegebilde. Genau das Gleiche gilt für die Inneren Helfer. Folge einfach dem Herzschlag deiner Liebe. Erlaube dir, genial zu sein und einfach. Sei einfach genial. Denn das bist du in aller Wesenstiefe.

Die Inneren Helfer werden aktiviert, sobald wir sie um Hilfe bitten. Die Form dazu ist das Ritual zur Aktivierung. Alle Inneren Helfer sind Experten auf ihrem Gebiet. Es ist unsere Glaubens-Energie, die die Kraft der Anziehung der Inneren Helfer in unsere Richtung zieht. Unsere Glaubens-Energie löst diesen Magnetismus aus. Es ist so einfach: Glaube an die Kraft deiner Seele und damit fällt es dir leicht, an die grenzenlosen Möglichkeiten der Inneren Helfer zu glauben. Je mehr du an die Kraft glaubst, die du durch die Inneren Helfer anziehst, desto mehr ziehen diese für dich an. Dies ist das Geheimnis des Magnetismus.

❦ Glaubens-Energie erzeugt Magnetismus.

Die Macht der Inneren Helfer liegt in der Anziehung, sei nochmals gesagt. Doch hafte nicht an, sondern bleibe der Zeuge, der beobachtende Gastgeber. Die Inneren Helfer arbeiten in ihrer eigenen Zeit. Wie in der Natur. Auch da braucht alles seine Zeit und kommt im rechten Moment.

Dein Glaube an die grenzenslose Kraft der Inneren Helfer wird steigen, sobald die Art, wie diese wirken, in deinem Leben sichtbar wird. Ab diesem Moment wird Glaube sehend und du wirst nie mehr darauf verzichten, mit deinen genialen geistigen Gefährten zu kooperieren. Warum auch?

Die Inneren Helfer sind unsere Verbündeten durch alle Zeiten. Sie waren immer bei uns, sie sind immer bei uns und sie werden für immer bei uns sein. Doch JETZT ist die Zeit gekommen, wo wir uns ihrer gewahr werden. JETZT ist die Zeit gekommen, in der immer mehr von uns durch das weiße Loch im Strudel der Zeit reisen und erwachen, den Ruf zur eigenen Meisterschaft hören und diesem folgen.

❦ Die Namen der Inneren Helfer

Die Inneren Helfer sind deine persönlichen Helfer. Wähle Namen, die dich inspirieren. Wähle deine dir entsprechende Sprachform. Die von mir angebotenen Namen entsprechen mir und sind als Beispiele und zu deiner Inspiration gedacht. Wenn es für dich stimmiger ist, so wähle weibliche Namen. Kurzum, fühle dich frei, eingeladen und aufgefordert, deine Namen für deine Inneren Helfer zu wählen!

Im Garten der Beispiele

Ich bitte dich, setze im ersten Schritt Innere Helfer ein, um dein Leben in jene Balance und auf jenes Niveau zu bringen, die dich nähren und für dich gut sind. So richtig gut! Ohne den gesunden Blick für das rechte Maß zu verlieren. Halte bewusst Ausschau nach Fügungen. Verankere dich innerlich mit Ekstase. Übe dich in dieser inneren Disziplin. Gib Ängsten und Sorgen keinen Raum. Das ist auch Trainingssache!
Daher lege ich in den Garten der Beispiele zunächst ein paar praktische Beispiele.

Körper und Gesundheit

Dein Körper ist wie ein Fluss. Doch wir neigen dazu, unseren Körper wie eine Art Statue zu begreifen. Wie ein festes, stoffliches Objekt. Sobald wir unsere Aufmerksamkeit auf den Körper lenken, wird uns dieser Fluss sofort wieder bewusst. Denn im Grunde ist unser Körper ein sich ständig veränderndes Intelligenzmuster und erneuert sich fortlaufend.

Viele Menschen haben die Möglichkeit vollkommener Gesundheit gänzlich aus den Augen verloren. Doch diese ist möglich. Du weißt ja, dass du deinem Inneren Helfer jenen Namen gibst, der für dich stimmig ist. Verstehe meine Namen daher als Vorschlag.

Der Innere Helfer »Vollkommene Gesundheit« bringt dich auf allen Ebenen in Kontakt mit dem Fluss deines Körpers. Dieser Innere Helfer verändert die Quantenebene des Körpers. Diese Veränderung ist weit tiefgreifender als jedes Medikament. Auf dieser Ebene kann die Erinnerung an »Vollkommene Gesundheit« sehr leicht belebt werden. Arbeite mit diesem Inneren Helfer, wenn das für dich ansteht.

Selbstverständlich kannst du diesen Helfer auch jemanden senden, der krank ist – oder der gesamten Menschheit. Du kannst keinen Fehler machen, denn die Inneren Helfer richten sich immer nach dem entsprechenden Seelenplan.

🌿 Geld

Sollte Geld dein Thema sein, so rufe den Inneren Helfer »Kosmischer Bankier«. Dieser schärft in erster Linie deinen Blick für das, was du zu geben hast. Er schärft den Blick für das Produkt, das du anbietest. Oder für die Dienstleistung, für das Wissen oder für die Kreativität, mit der du dein Geld verdienst. Verstehe, dass Geld immer nur indirekt kommt. Über das, was du gibst. Deine Produkte, dein Service, deine Kreativität und dein Wissen sind die vier Geldquellen. Mehr gibt es nicht. Übersetze das praktisch und für dich anwendbar in deinen Alltag. Auch wenn du angestellt bist, arbeitest du in mindestens einem dieser vier Bereiche. Eine Ausnahme von dieser Regel ist geschenktes oder geerbtes Geld.
Der »Kosmische Bankier« hilft dir, die Aufmerksamkeit zu drehen. Weg vom Geld – hin zu den Quellen des Geldflusses.

Damit hin zu deiner Arbeit. Damit hin zu dem, was du gibst. Was dein Beitrag ist. Erlaube dir, diesen Inneren Helfer zu deinem Verbündeten zu machen. Beachte und vertraue den Ideen, die plötzlich wie aus dem Nichts auftauchen. Sei dir sicher, dass dich Informationen erreichen, die dich unterstützen und dass dir Menschen begegnen, die dir die Hand reichen. Möglicherweise fragst du dich, wo diese denn so lange geblieben sind.

🌿 Beziehungen

Rufe den Inneren Helfer »Göttliche Beziehungen«. Das kann auch für deine Arbeit gelten – einfach für alles. Du kannst selbstverständlich auch hier sehr spezielle Namen wählen und Helfer rufen wie »Göttliche Versöhnung«, »Heiliger Sex«, »Kosmische Erotik«, »Vollkommene Erlösung«, »Höchstes Wohl«, »Universelle Unterstützung«, »Innerer Genius« ... Sei klarer, wenn etwas Konkretes ansteht wie »Kosmischer Immobilienmakler«, »Himmlischer Erzieher«, »Genialer Fitnesstrainer« oder »Göttlicher Ideenlieferant« ... Mein Eindruck ist, du hast vollkommen verstanden. Wie überall, geht es letztlich um die Anwendung.

Fazit: Sei sowohl kreativ als auch stimmig. Es muss für dich passen. Erinnere dich immer wieder daran: Die Inneren Helfer kennen keine Grenzen. Sie reisen in das Feld aller Möglichkeiten, in das Heim aller Naturgesetze und sind mit dir über das Kalpa Taru verbunden. Sie korrespondieren mit deiner Seele.

❦ Über die Normalität hinaus

Nun lade ich dich ein, mit deiner Aufmerksamkeit in andere Bereiche zu schwenken. Du kannst Innere Helfer rufen, die mit Anliegen korrespondieren wie: »Verwirklicher meines Seelenplans«, »Anheber meiner Schwingung«, »Alchimist meiner DNA«, »Lichtbote meiner Zellen«, »Programmierer meines alterslosen Körpers«, »Kosmische Fülle in allem«, »Spiritueller Erleuchter«, »Begnadeter Eingeber«, »Unmittelbarer Erfüller«, »Höheres WIR« oder »Kosmischer Heiler«.

Hier nochmals die ausdrückliche Einladung: Gehe in deine Welt. In dein spirituelles und sprachliches Verständnis. Halte für dich diesen Aspekt lebendig. Die Inneren Helfer sind Boten des Lichts. Sie sind rigoros der Liebe verpflichtet und der Erfüllung deines Seelenplans. Ihre Macht ist grenzenlos. Sie sind hier, um dir zu dienen.

Ritual zur Aktivierung der Inneren Helfer

Unsere gemeinsame Reise bis hierher war Vorbereitung. Jetzt ist die Zeit für dein Ritual gekommen, um ab sofort mit den Inneren Helfern zu arbeiten.

1. Schritt: Die Bewusstwerdung

☆ Sei dir bewusst, du rufst kosmische Kräfte von unvorstellbarem Ausmaß an Macht.

☆ Die Macht der Inneren Helfer liegt in der Anziehung.

☆ Diese arbeiten mit deinem höchsten Potenzial zusammen, mit deiner Seele.

Sei dir daher im Vorfeld klar, worum du bittest und aus welcher Motivation. Sei dir bewusst, welchen Inneren Helfer du rufen willst und welchen Namen du ihm gibst.
Meide jede Beliebigkeit. Rufe deine Inneren Helfer nicht inflationär, sondern mit höchster Absicht.

2. Schritt: Die Durchführung

1. Verbinde dich mit deiner Seele, so, dass deine Seele deinen Körper ummantelt und deine Zellen, deine DNA zum Leuchten bringt. Fühle dieses Leuchten. Verbinde dieses Leuchten mit deinem Namen. Sage: »Leuchtend wie …« – und setze deinen vollen Namen ein. Atme und sei fokussiert und entspannt.

2. Bitte deine Seele, nun den Inneren Helfer mit dem Namen, den du gewählt hast, zu rufen: ...

3. Stelle deinen Inneren Helfer in Gedanken so vor dich hin, wie es sich gut für dich anfühlt.

4. Atme die Energie des Inneren Helfers in langen Zügen in dein Kalpa Taru ein. Spüre, wie dieses sich mit der grenzenlosen Macht deines Inneren Helfers auflädt. Halte kurz den Atem an.
   Beim Ausatmen visualisiere, wie der transparentgrüne Strahl aus dem Kalpa Taru hinaus in das große Bewusstseinsfeld allen Lebens fließt.

   Wiederhole diese gesamte Atem-Sequenz drei Mal.

5. Nach dem dritten Ausatmen sprich den ermächtigenden Aktivierungs-Code: »WIRKE. WIRKE. WIRKE.«

6. Atme nun abschließend tief und langgezogen einmal durch das Kalpa Taru ein und aus. Falte dabei die Hände vor deiner Brust und spüre den Dank dafür, dass du JETZT empfangen hast.

7. Beende das Ritual abschließend mit folgendem Satz: »ES wirkt allumfassend und auf allen Ebenen. Ab sofort. JETZT. ES wirkt zu meiner höchsten Bestimmung. So ist es. DANKE.«

3. Schritt: Die Rückkehr in deinen Alltag

☆ Es ist geschehen. Sei dir dessen absolut sicher. Deshalb ... lasse los!

☆ Erinnere dich: Der Innere Helfer nährt sich aus deiner Glaubens-Energie. Vertraue!

☆ Bleibe im Alltag aufmerksam und danke jedes Mal, wenn du das Wirken deines Inneren Helfers erlebst.

☆ Sei hellwach für Veränderungen – doch hafte nicht mit Erwartungen daran fest!

Je spielerischer du mit deinen Inneren Helfern arbeitest, desto grandioser und genialer sind die Fügungen, die sich dir zeigen. Die Seele offenbart ihr Wirken durch Fügungen. Durch Synchronizitäten. Ekstase ist die vergessene Sprache der Seele. Lausche dieser Sprache. Erinnere dich daran. Mit dieser Sprache wurdest du geboren. Sie ist in dir.

Übe dich in der paradoxen Haltung, alles zu erwarten und nichts zu verlangen. Dir ist alles möglich, weil deinen Inneren Helfern alles möglich ist.

Eine Meditation sowie eine App, die dich beim Aktivieren der Inneren Helfer unterstützt, ist unter www.InnereHelfer.momanda.de erhältlich.

Die Magie der Dankbarkeit

»Danket, dass ihr empfangen habt und es wird euch gegeben werden«, empfahl uns Jesus. Er ist ein einzigartiger Meister der Manifestation, der es verstand, Tote zu erwecken, Kranke zu heilen, und dessen Vermächtnis bis auf den heutigen Tag lebendig ist. Man möge sich das vorstellen: Aktuell erscheinen weltweit im Durchschnitt zwei neue Bücher über ihn. Täglich. Wer hat je ein solches Interesse ausgelöst?

Der eben zitierte Satz ist eine Meisterformel höchster Qualität. Der erste Teil des Satzes ist die Drehung des Dankes in die Zukunft. Dank wird somit eine Vorher-Energie. Bevor etwas geschieht, bedanken wir uns.

Normalerweise ist es genau umgekehrt. Wir bedanken uns erst, wenn wir empfangen haben.

Der zweite Teil dieses Satzes ist ein Versprechen aus seiner erleuchteten Sicht. »Es wird euch gegeben werden.« Das ist der Grund, weshalb wir das Ritual zur Aktivierung der Inneren Helfer beenden mit »So ist es« und »Danke«. Wir docken uns damit absichtlich, bewusst und mit gefühlter Vollendung an diese Meisterenergie an. Denn wir haben verstanden, dass Dankbarkeit die höchste Kraft der Manifestation ist. Deshalb spreche ich von der Magie der Dankbarkeit.

Dankbarkeit erschafft uns jene vollendete Zukunft, die wir uns auf der Seelenebene für dieses Leben vorgenommen haben. Und für die Stufe der Entwicklung, in der wir stehen, kommen die Inneren Helfer an unsere Seite. Diese befähigen dich, deinen Seelenplan auch tatsächlich umzusetzen.

Ich empfehle dir, zerbrich dir über deinen Seelenplan nicht zu sehr den Kopf. Folge den Impulsen deines Herzens. Von dort, aus der geheimen Kammer, spricht die Seele in ihrer Sprache zu dir. Du kannst nichts falsch machen. Denn wenn etwas nicht mit deinem Seelenplan kooperiert, erfüllt es sich einfach nicht. Auch auf diese Weise spricht die Seele mit dir. So kannst du dich entspannen und aus dieser tiefen Entspannung besser der beseelten Sprache lauschen, um die Impulse zu verstehen.

Dankbarkeit beflügelt deine Inneren Helfer. Das ist ähnlich wie in deinem Leben. Wird deine Arbeit gewürdigt und du spürst den Dank der Herzen jener, denen du deinen Beitrag widmest, so öffnet das in dir den Raum zu deiner höchsten Leistung. Der Strom deines Gebens verstärkt sich auf wundersame und nährende Weise. Ein Staunen umfasst dich und jene, die mit dir sind.

Nutze die Manifestationskraft der Dankbarkeit. Wenn du diese Haltung einübst, öffnet sich dir eine zauberische Dimension und das Licht des Staunens erhellt deinen Weg.

❦ Dankbar sein für Möglichkeiten

Möglichkeiten realer zu erachten als konkrete Gegebenheiten ist ein radikaler Sprung. Gerne teile ich dazu ein Beispiel aus meinem Alltag. Manchmal schaue ich auf eine konkrete Situation und nehme sie an, genau so, wie sie ist. Das ist Akzeptanz. Um dann im nächsten Schritt aus dieser Entspannung heraus, aus dieser versöhnten Haltung, sage ich zu mir selbst: »Das ist eine Lüge!« Das unterstützt mich darin, mich mental umzuprogrammieren. Erinnern wir uns an Amit Goswami: »Anstatt in Dingen muss man also in Möglichkeiten denken. Es sind alles Möglichkeiten des Bewusstseins.«

Unser Bewusstsein ist um das Wissen über grenzenlose Kräfte bereichert. Wir haben kosmische Freunde. Unsere Inneren Helfer wissen exakt, wo die beste Variante aller Möglichkeiten auf uns wartet. Die Inneren Helfer ziehen diese Variante aus dem Feld aller Möglichkeiten über zahllose Verschiebungen in die Realität direkt vor unsere Nase.

In all meinen Seminaren und Vorträgen ist die Kunst, in Möglichkeiten zu denken, ein extrem kostbarer und auch herausfordernder Punkt. Greifen wir dabei doch nicht auf vergangene Erfahrungen zurück, sondern erlauben uns einen Flug in die weiße Fülle kühnster mentaler Akrobatik. Da wir nun wissen, dass wir all diese Möglichkeiten über unsere Freunde, die Inneren Helfer, in unser Leben holen können, sind wir auch aufgerufen, diese Möglichkeit zu nutzen.

Durch die enge Kooperation mit den Inneren Helfern öffnet sich eine Tür, die etwas schier Unglaubliches in eine reale Möglichkeit hebt. Jesus ermutigt uns, das, was er vollbrachte, ebenfalls zu tun und sogar noch Größeres. Durch das Wissen und durch die tägliche praktische Arbeit mit den Inneren Helfern wird aus dieser so prophetisch klingenden Aufforderung plötzlich ein praktischer, gehbarer Weg. Vielleicht nicht von jetzt auf gleich, doch in einem kontinuierlichen Werden hin zu einem besseren Werden. Und wir können den Inneren Helfer

»Kosmischer Wegweiser« rufen und diesen bitten, das dichte Gitter unserer Vorstellungen zu durchtrennen. Somit kann sich aus dem Himmel der Möglichkeiten eine neue, liebevolle, freudige, kreative, lebendig-pulsierende Ebene auf Erden zeigen. Bewohnt und bevölkert von Menschen, die das uralte Spiel aus Krieg und Frieden, Angst und einer niederen Form von Liebe, von Mangel, Not und Leid mit all den zermürbenden Verletzungen ein für alle Mal ersatzlos hinter sich gelassen haben.

Alles, was wir denken können, kann auch als sichtbare Form unsere gemeinsame Realität einfärben. Wer hätte sich vor hundert Jahren gedacht, dass wir mit Menschen am anderen Ende der Welt nicht nur sprechen können, sondern dass wir diese auch noch sehen? Und dass diese Möglichkeit nicht nur einigen wenigen vorbehalten ist, sondern praktisch von allen gewählt werden kann, die ein entsprechendes Handy haben.

Wer von unseren Ahnen hätte jemals geglaubt, dass eines Tages Entfernung durch Geschwindigkeit ersetzt wird und wir riesige Datenmengen auf Knopfdruck praktisch an jeden Ort der Welt senden können. Ich könnte hier, genau wie du, Beispiel um Beispiel anführen, um letztlich doch bei einem Schluss zu landen: Diese gigantische technische Revolution transzendiert letztendlich Technik und landet, wo? Sie landet im Geist. Sie landet im Spirit. Denn wir Menschen sind machtvolle geistige Wesen. Lichtwesen.

✺ Ja, wir erinnern uns.

Wir erinnern uns an unsere eigene Zukunft. An unser Zukunft-Selbst, das wir sind. Das Licht unserer Seele erhellt unsere menschlichen Spuren und wir erinnern uns an Helfer, die uns im ewigen Jetzt durch Äonen begleiten. Sie waren immer hier, wie immer alles hier ist. Und doch, so wie die Zeit für ein einfaches, für uns inzwischen absolut normales Handy reif werden musste, so hat es seine Zeit gebraucht, bis zuerst wenige und dann immer mehr Menschen verstanden, auf eine Art geistige Technik zurückzugreifen und mit Inneren Helfern zu kooperieren.

Vielleicht werden auch diesmal die ersten Pioniere belächelt, die mit den Inneren Helfern scheinbare Wunder in ihr Leben rufen. Ich will das nicht postulieren, sondern als Möglichkeit sehen. Wie schnell kann sich das ändern, wenn immer mehr Frauen und Männer besser darin werden, die Wirkweise der Seele zu verstehen, ihre Sprache zu sprechen, die Inneren Helfer als vollkommen gleichwertige Partner zu erkennen, um virtuos aus dem Feld aller Möglichkeiten jene zu ziehen, die uns zur höchsten Ehre und sowohl Terra Gaia, unserer blauen Insel, wie uns zur absoluten Gesundung gereichen?

Jetzt, wo ich das schreibe, ist das eine Vision. Doch – Hand aufs Herz – war nicht alles, was jemals von Bedeutung wurde, zunächst eine eher seltsame Vision? Waren es nicht immer Träume, die dem Herz entströmten, die grundlegende Veränderungen bewirkten? Elektrizität war immer da. Doch heute ist sie nutzbar und prägt unseren Alltag. Die Inneren Helfer waren immer da. Ab sofort sind sie in deinem Leben. Lass uns Großes bewegen. Rufe deine Inneren Gefährten und hilf ihnen, ihren Auftrag zu erfüllen. Dieser lautet, dir zu dienen. Nicht deinem Ego, sondern dem Leuchten deiner Seele zu jenem Ausdruck und zu jener Erfahrung zu verhelfen, die dein Geburtsrecht sind.

🌿 Die Brücke

Nun gilt es, den Anfang im Ende zu finden. Wunder werden ausgelöst durch das, was sich mit einem einzigen Wort ausdrücken lässt: Anwenden. Wende dieses Wissen an. Ich bin sehr sicher, dass auch du den Ton eines essenziellen Friedens hörst und den Jubel spürst, dabei zu sein, wenn ein Quantensprung passiert. Und zwar nicht als passiver Zuschauer, sondern als wacher, bewusster Gestalter. Ich vermute in dir einen Agenten der Evolution. Einen Menschen, der sein Licht bewusst zum Leuchten bringt, es nicht unter den Scheffel stellt, sondern zum Treiber der Evolution wird. Ein Mensch, der in diesem Sinn aus der Zukunft kommt. Ja, genau – genau das vermute ich in dir.

Sei willkommen, Gefährte.
Sei willkommen, Gefährtin.
So reichen wir einander die Hand.

Ich bedanke mich zutiefst bei dir. Und auch bei meinem Inneren Helfer, der mich durch diesen Text geleitet hat. Möge dich dieses kleine Buch inspirieren, die höchste Vision, die du von dir selbst hast, in dein Leben zu rufen. Dir zur Freude und uns allen zum Wohle. So sei es.

Wir sind miteinander verbunden in NeuLand.
Friede mit dir. Und der Segen des Größeren.

Quellennachweis

1) Die Körperseele, Deepak Chopra, Knaur Verlag, 1993
2) Lutherische Bibel, Psalm 127
3) What the Bleep do we (k)now!?, HorizonFilm, 2006
4) Das bewusste Universum, Lüchow Verlag

Karl Gamper

Karl Gamper ist studierter Ökonom und ein moderner Mystiker. Seit Jahrzehnten beschäftigt ihn die Frage: Was braucht es, damit sich Leben in seiner schönsten Form entwickeln kann? Als Quintessenz seiner Forschungen entstand der Fernlehrgang »Die Vision von NeuLand« und Bücher, die wegweisend den Geist und die Haltung einer Neuen Zeit erfahrbar machen.
www.NeuLand.momanda.de

Details zu meiner Arbeit und NeuLand-Produkte, die dich auf einer tiefen Ebene erinnern, unter:
www.Gamper.com

Die App zur Aktivierung der Inneren Helfer

Diese App unterstützt dich auf deinem Smartphone oder Tablet bei der Aktivierung deiner Inneren Helfer und der täglichen Manifestation deines ZukunftsSelbst.

Du verbindest dich täglich durch die *Morgenmeditation* mit deiner Seele und bringst dich mit ihr in Einklang. Dadurch beginnst du zentriert und bewusst deinen Tag und folgst der Thermik des Gelingens.

Die *Atemmeditation* öffnet dein Kalpa Taru, in dem die Manifestationskraft gebündelt ist.

In einem *Ritual* aktivierst du die Inneren Helfer. Durch sie kannst du Situationen deines Lebens verändern und mit ihrer Hilfe die Erfüllung deiner Wünsche in dein Leben ziehen.

Verstärke deine Kreationen durch die Magie der Dankbarkeit. Schließe mit der *Dankbarkeitsmeditation* deinen Tag und fühle Dankbarkeit und Freude für das, was heute in dein Leben getreten ist.

Dir ist alles möglich,
weil deinen Inneren Helfern alles möglich ist.

Deine Wünsche, die Veränderungen in deinem Leben sowie deine Erfahrungen können in der App notiert und damit leichter in dein Leben integriert werden.

Die gesamte App, die Meditationen separat als MP3-Dateien sowie eine Community zum Austausch mit Gleichgesinnten findest du unter www.InnereHelfer.momanda.de

DIE VISION VON NeuLand
Karl Gamper
Sei realistisch. Erwarte Wunder!
Dein Quantensprung in 21 Phasen.

In NeuLand gehen wir gemeinsam einen Weg, der an keiner Stelle den alten Weg berührt

Das klare Ziel dieses Kurses ist sich neu zu definieren und den Quantensprung des Lebens zu wagen.

Während des Kurses erforschen wir unsere Grenzen und weiten diese aus, verbinden uns mit unserem SeelenLicht, spielen mit den Polaritäten und ganz wichtig, wir lernen unsere Angst anzunehmen und somit die Schatten loszulassen. Angst ist nur eine Frequenz. Das Ziel ist, aus dieser niederen Frequenz auszusteigen.

Dein Entwicklungsprozess findet in 3 Stufen statt, die jeweils 7 Phasen beinhalten. Er verläuft von Heilung über Transformation hin zur Manifestation. Durch diesen Dreiklang wird deine Essenz, dein Licht, das was du bist, vollständig zum Vorschein treten.

Du lernst die Informationen des Körpers zu verändern, neu zu denken, neu zu fühlen und neu zu handeln. Du lernst mit der evolutionären Kraft des Kosmos zu leben und im Fluss der Liebe und der Freiheit dein Leben zu manifestieren.

Der Kurs, der dich mit deinem höchsten Potenzial verbindet – dem Potenzial deiner Seele – findet im Fernlehrgang statt und wird dir bequem nach Hause zugesandt.

Er beginnt jeweils zum Neumond und korrespondiert somit mit dem natürlichen Rhytmus der Menschheit, dem Mondzyklus. Im Einklang mit dieser kraftvollen Energie findet in jeder Phase ein Ein- und Ausatem statt.
Das Einatmen ist das Studium der 21 Phasen, das Ausatmen ist der meditative Teil, das Anhören und das Verinnerlichen der neuroSIGNS© (CD).

In 21 Phasen zu einem erfüllten Leben.

Beginn: Jeweils zum Neumond
Dauer: 21 Phasen (Wochen)
Zusendung: Alle 7 Tage, entsprechend der Mondphase
Inhalt: Skript mit Übungen und neuroSIGNS© auf CD
Preis: 100 Euro für 4 Phasen, per Rechnung

Informationen & Anmeldung:
www.NeuLand.momanda.de
E-Mail: NeuLand@momanda.de
Tel. +49 - (0)8031-23067-0

Wichtiger Hinweis

Die im Buch veröffentlichten Empfehlungen wurden von Verfasser und Verlag sorgfältig erarbeitet und geprüft. Eine Garantie kann dennoch nicht übernommen werden. Ebenso ist die Haftung der Verfasser bzw. des Verlages und seiner Beauftragten für Personen-, Sach- und Vermögensschäden ausgeschlossen.

© KOHA-Verlag GmbH Burgrain
Alle Rechte vorbehalten
2. Auflage 2014

Bildnachweis:
Fotolia + Shutterstock

Cover: Sabine Dunst/Guter Punkt, München
Umschlagmotiv: © Alexander Potapov/thinkstock

Gesamtherstellung: Karin Schnellbach
Druck: Finidr, Tschechien
ISBN 978-3-86728-266-6